JN074186

「科学」で読み解く迷信・言い伝え

歴史ミステリー研究会編

彩図社

はじめに

「こっくりさん」をすると霊を呼び出せる、五寸釘でわら人形を打ち続けると呪った相手は死ぬ、子供たちが賽《さい》の河原で積む石塔は鬼によって何度も壊される、へそのごまを取るとお腹が痛くなる――など、日本には昔からの迷信や言い伝えが数多く存在する。

ぞっとするような不気味な迷信、古くからの伝承、健康にまつわる迷信、あやしいけれど逆らって行動するにはちょっと勇気がいるような俗言まで、まことしやかに言い伝えられてきたものは私たちの日常生活のなかに今なお生き続けている。

本書では、そんな迷信や言い伝えを「科学」で解き明かした。

迷信の内容がどのようなものなのか、いつごろからあるものなのか、どの地方で語り継がれてきたのかなどを再確認したうえで、科学的な見地からはどのように考えられるかを考察する。

そしてひいては、非科学的に思えるような迷信や言い伝えでも、ともすれば〝特別な力〟を持つと信じてしまう人間心理を探っている。

また、日本だけでなく海外に伝わる伝説にもスポットを当てた。

「そんなの迷信だよ」と一蹴する前に本書を読んでほしい。

ひょっとすると先人の知恵は科学的根拠を持っているかもしれない。

2021年9月

歴史ミステリー研究会

もくじ

1章　怖い迷信の真相

2章 言い伝えの裏側

3章　健康にまつわる迷信の検証

4章　古くからの伝承の解明

5章　海外の伝説を解き明かす

1章 怖い迷信の真相

怖い迷信
1

「こっくりさん」をすると霊を呼び出せる

音もなく動き出す10円玉

放課後の教室で机を囲んだ子供たちが、50音が書いてある文字盤の上に置かれた10円玉に指を置く。そして**「こっくりさん、こっくりさん」**と呼びかけると10円玉が動いていき、文字をさし示す――。

こっくりさんは、子供たちの間で行われている一種の降霊術のような遊びで、学校の片隅などでひっそりと行われる。

鳥居のような模様と50音が描かれた文字盤、そして人気のない放課後の教室という舞台装置は、机を囲む子供たちの気持ちをいやがおうでも高揚させる。

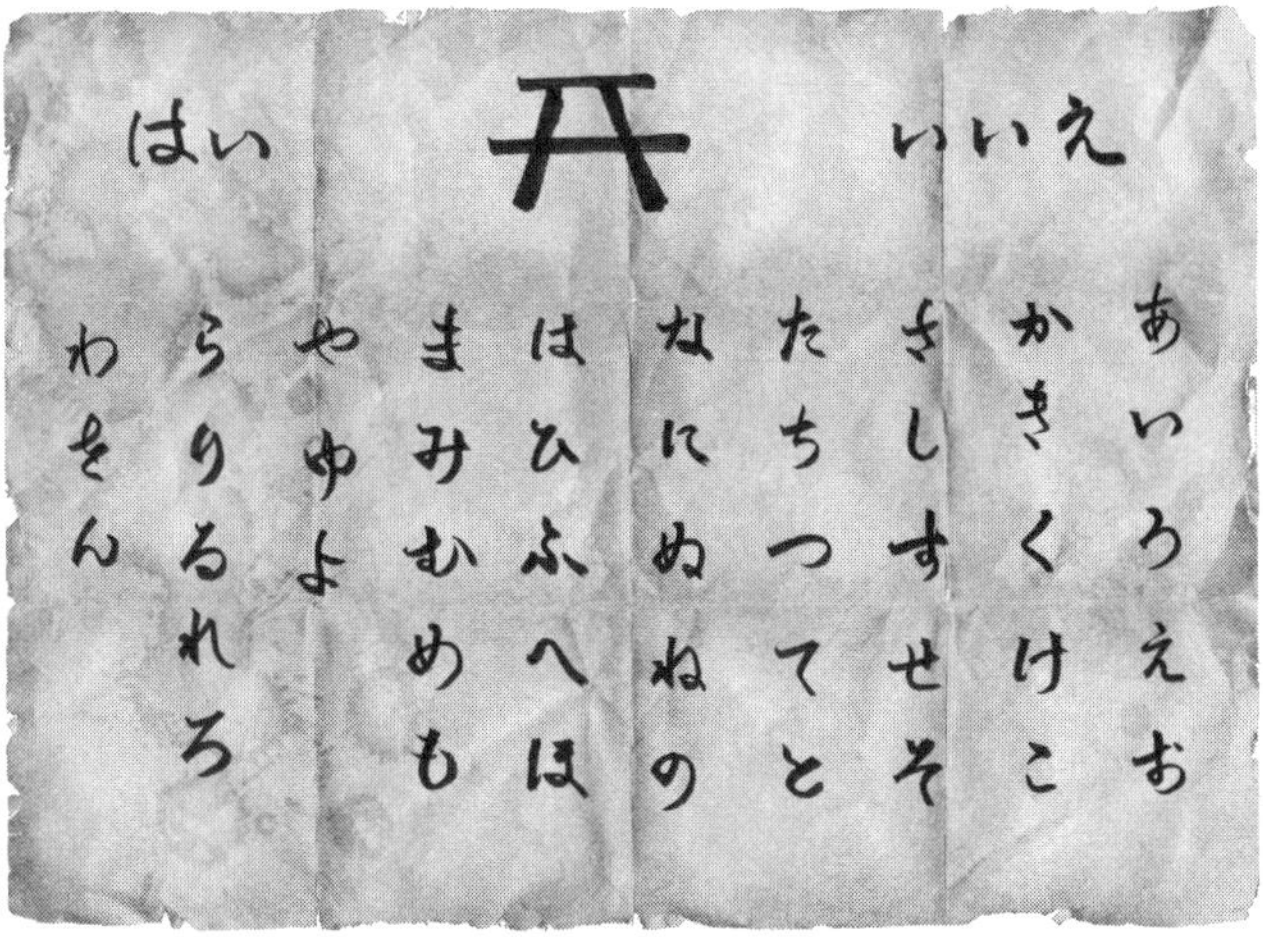

こっくりさんに使用される用紙

そして音もなく動き出す10円玉に彼らの興奮は最高潮に達し、翌日の教室はその話題で持ちきりになるのだ。

もとは海外の風習

こっくりさんが子供たちの間で流行し始めたのは、明治時代のことだ。

降霊術といえば、恐山のイタコのように日本でも古くから行われてきたものも多いのだが、こっくりさんはもともと海外から入ってきた風習だ。

海外では**「テーブルターニング」**と呼ばれ、日本を訪れていた外国船の乗組員たちがやっていたものをまねて始めたものだという。

こっくりさんを本格的に研究し、その正体を探ったのが哲学者の井上円了《えんりょう》だ。

井上円了

妖怪研究者としても名高い井上は、東洋大学の前身であり、1887（明治20）年に設立した私立哲学館で哲学や心理学、社会学などを開講していた。

その中に、応用心理学の一環として妖怪学があった。その頃にヨーロッパから入ってきたのがテーブルターニングだったのである。

井上は実験を繰り返すことでこっくりさんによる降霊現象が成立する条件を突き止めた。

降霊現象は、場所や時間、道具などではなく、感受性が強く、信じやすいという特性を持った「人」にあったのだ。

彼は、こっくりさんの降霊現象を**「予期意向」**と**「不覚筋動」**の二つで説明できるとした。

予期意向とは、経験や予備知識に基づいた、こうなってほしいという気持ちのことであり、一方の不覚筋動は、本人も意識しないうちに筋肉がかすかに動くことをさす。

こっくりさんに興じる子供たちは、10円玉が勝手に動いて質問に答えてくれることを期待している。その気持ちや欲求が強いほど、自身の筋肉が自分でも気づかないほどわずかに動き、それが指先に伝わって「10円玉が勝手に動く」という結果を導くのだ。

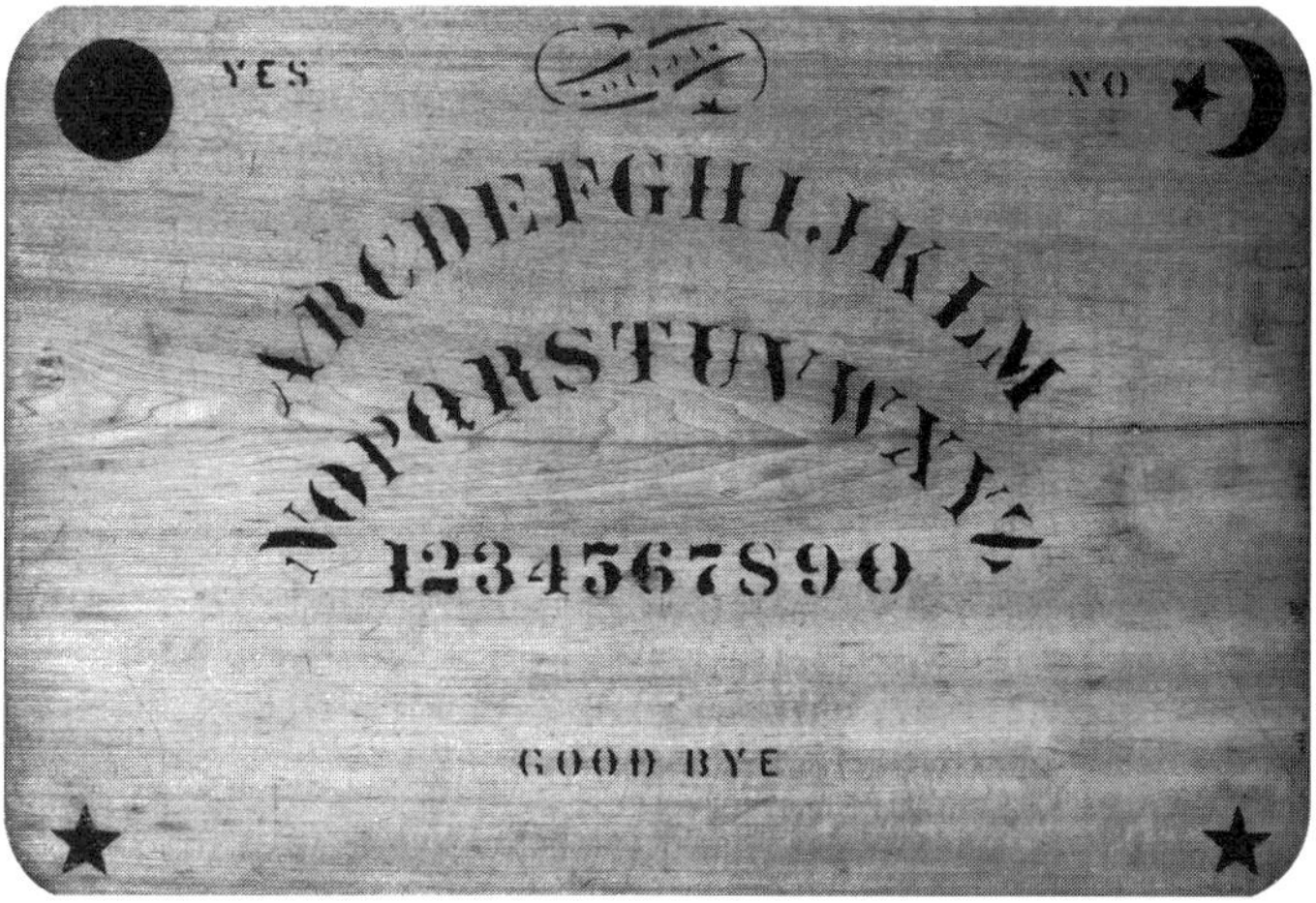

テーブルターニングで使用される「ウィジャボード」と呼ばれる降霊道具
(1890年頃にアメリカで作られたもの)

原因を突き止めた科学者ファラデー

海外でもこの現象を究明した科学者がいる。電磁気学や電気化学の分野で有名なイギリスの科学者ファラデーだ。

２０１９年には著書である『ロウソクの科学』が、ノーベル化学賞受賞者の吉野彰博士の原点だったとして注目を浴びた。

ファラデーはテーブルターニングに関する論文を発表するほどこの現象を解明することに真剣に取り組み、降霊現象が**無意識の筋肉運動**によるものだとして実験と観察を繰り返した。

そして、テーブルに力が加わったことが参加者が目視できるようなしかけをしておくと、降霊現

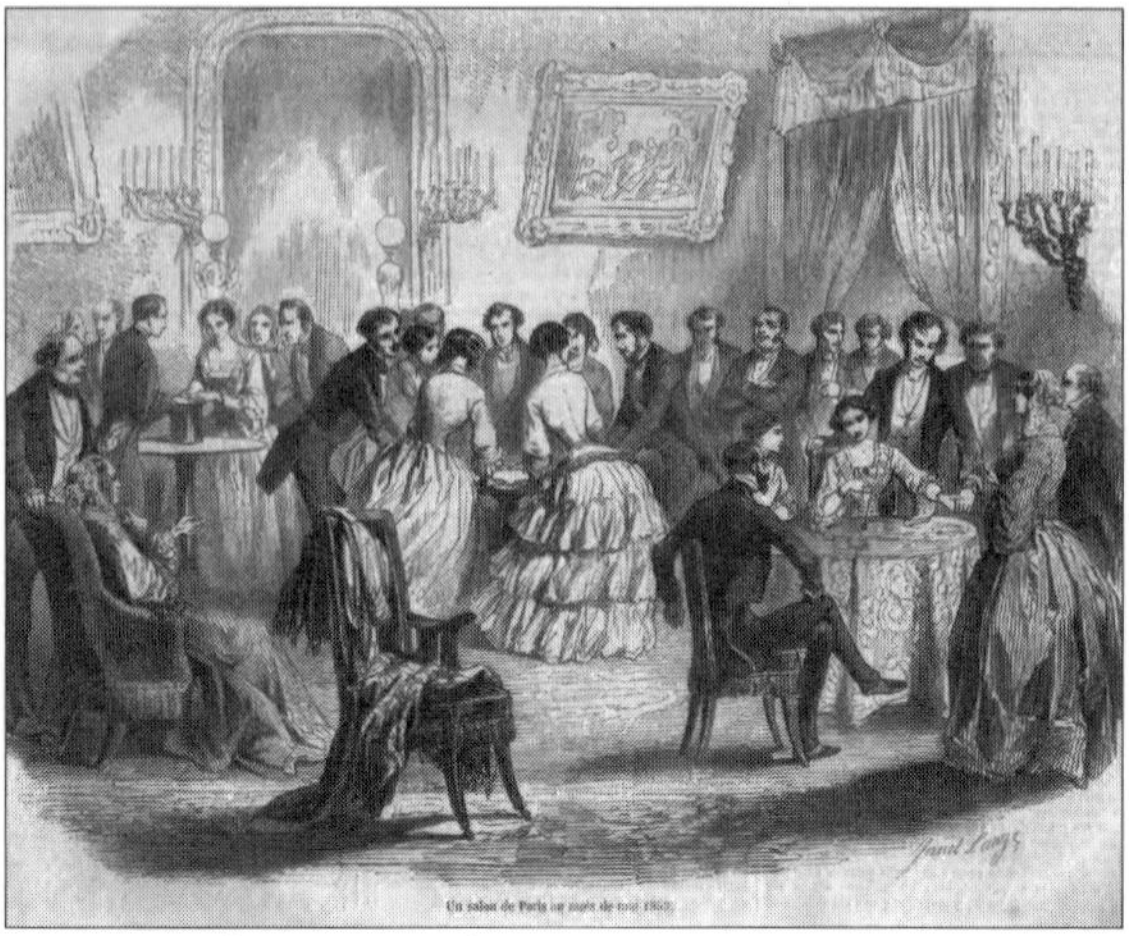

テーブルターニングの光景（アンジュ＝ルイ・ジャネ画・1853年）

象が起きないことを証明したのだ。

テーブル板にローラーを挟んで板を置いて、少しの力をかけただけで動くような装置を作って、そこに被験者を座らせる。そして、降霊術のプロセスを経ずに質問をするだけでもテーブルが動くことを証明した。

心理学用語で、ある観念が頭の中にあると行動や感情が影響を受けることを**「プライミング効果」**と呼ぶのだが、その中でもテーブルターニングは、ある観念をあらかじめ持っていることで無意識に運動が起きる「イデオモーター効果」によるものだ。

テーブルターニングを行う人は、霊によって自然と手が動くという先入観を持っている。そのせいで、本人も気づかない不随意の筋肉運動が起きるというわけなのである。

井上円了とファラデーが行きついた、こっくりさんの正体である**人間の無意識下の行動**とい

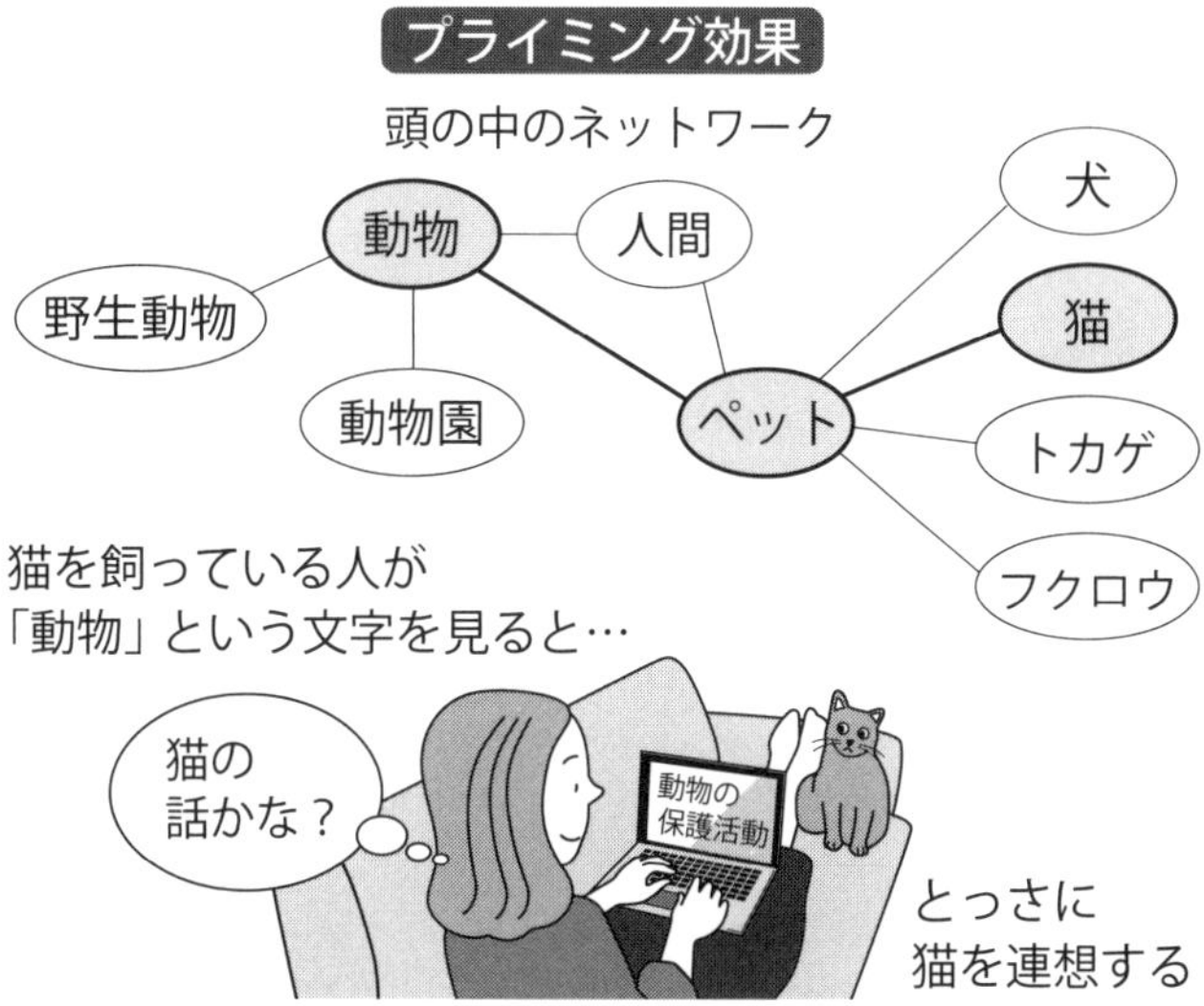

うのは、心霊現象や多くの不思議な現象の原因にもなっている。

こっくりさんの場合、参加者の多くが10代の思春期の子供なので、感受性が強いと考えられる。そのような多感な子供たちが、放課後の少し危険な遊びという域を超えて、ときに集団ヒステリー現象を引き起こしてしまうこともある。

こっくりさん遊びに参加した子供が体調不良を訴えたり、強い恐怖感を訴えたりというニュースはしばしば報じられるところだ。

大人から見れば禁止してしまいたい危険な遊びに見えるかもしれないが、だからこそ子供たちを引きつけ、明治時代から令和の現代にいたるまで学校の中でひっそりと生き続けているのが、こっくりさんなのである。

怖い迷信
2

手がつけられないほど大暴れする人には狐が憑《つ》いている

異常行動、意味不明な言葉…

異性に大金を貢いだり、カルト宗教にはまったり、良くないことに異常なほどのめり込んでいた人が、ふと我に返ることを「憑き物が落ちる」などという。

この憑き物とは、もともと人間に取り憑いたものをさすのだが、たとえば**「狐憑き」**などはその一例だろう。

狐は古くから霊力のある存在として認識されてきた。「稲荷《いなり》」や「狐塚《きつねづか》」といったものでもわかるように信仰の対象でもある。

狐憑きは狐の霊が人間に取り憑くことで、日本のみならず東アジアで似たような伝承が存在

背に狐を乗せた女性（『絵本妖怪奇談』より）

している。

日本の場合は、特に若い女性が取り憑かれることが多いといわれており、突如《とつじょ》興奮して暴れまわったり、意味不明な言葉を発したりする者は狐憑きとみなされていた。

そのままにしておくと内臓を食いちぎられて命を落とすため、祈祷師《きとうし》を呼び、松葉をいぶすなどの呪術でお祓いをしてもらうのが一般的だったという。

意識とは関係なく体が動く

だが、この狐憑きは悪霊などではなく、一種の病気の症状だった――。そう関連づけたくなる病の存在が急浮上したのは、じつは近年のことだ。

それは**「抗ＮＭＤＡ受容体脳炎」**という自己免疫に関連する脳の病気で、２００７年にアメリカのペン

抗ＮＭＤＡ受容体脳炎

神経細胞の結合部のイメージ

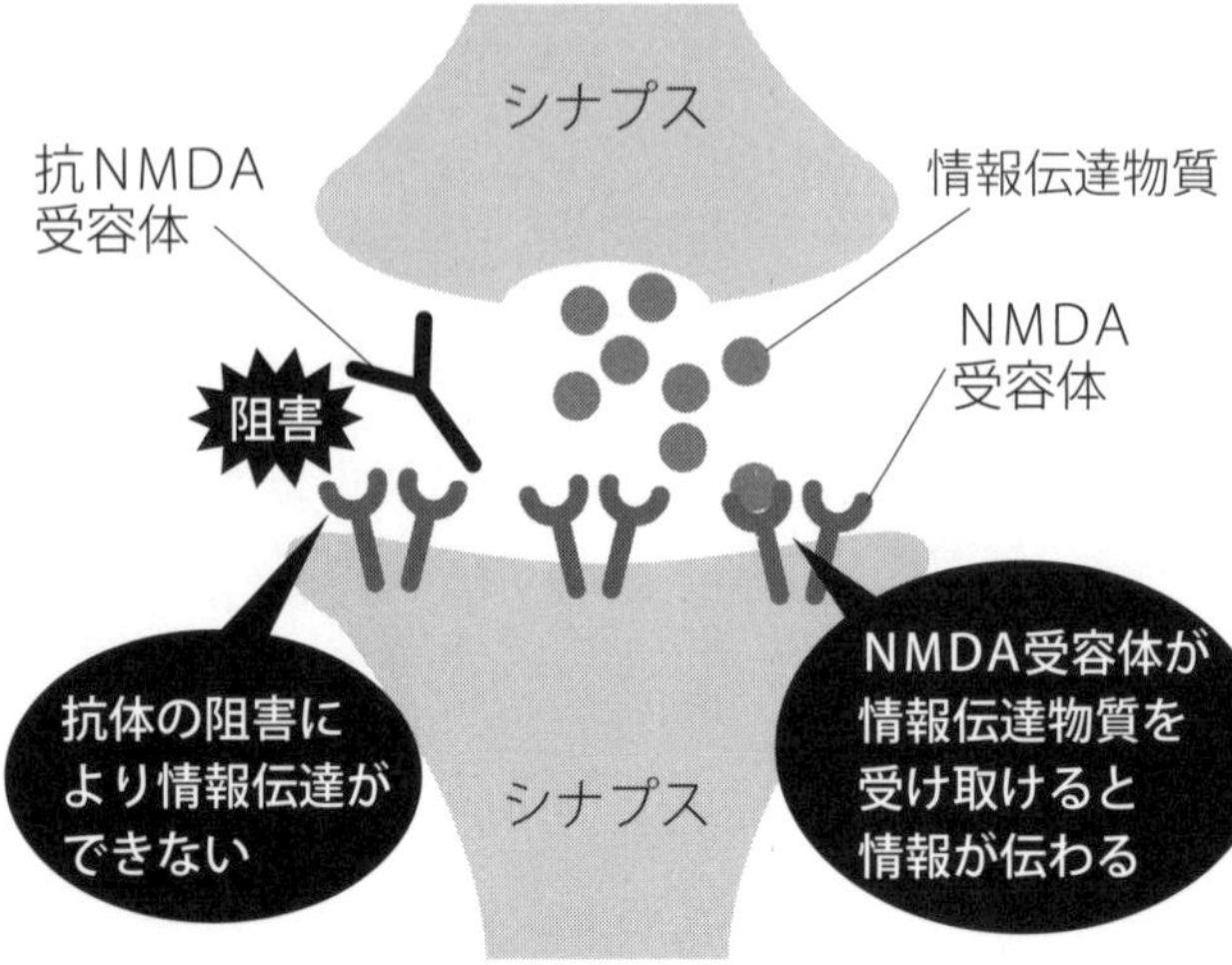

シルバニア大学医学部（当時）のジョセップ・ダルマウ教授によって提唱された。

　この病気は本来、**体を守るはずの抗体が誤って脳を攻撃する**ことで発症する。症状はさまざまだが、最初は風邪のような状態からしだいに記憶障害などを引き起こし、何かを覚えたりすることができなくなる。

　やがて意識を失うことが増え、体や顔面が痙攣《けいれん》状態におちいるなど、自分の意志とは関係なく肉体が動いてしまう不随意運動がみられたりするのだ。

　さらに、急に笑ったり、意味不明なことを口走ったりするケースも多く、古くから伝えられる狐憑きの状態とよく似ている。

　ちなみに、この病気は体内にできた腫瘍《しゅよう》が発症の引き金になるケースが多く、なかでも卵巣奇形腫からの発症数がひときわ目立つという。

この事実は、狐憑きは若い女性が多いという言い伝えの裏づけにもなるだろう。

ホラー映画のモデルになる

アメリカでは狐憑きではなく、「悪魔に取り憑かれた」という認識で悪魔祓いの対象とされていたが、その扱いは日本の狐憑きのそれと同じだ。

有名なホラー映画『**エクソシスト**』で描かれた、悪魔に取り憑かれた少女の様子も、この病気によるものだったと考えられている。

『エクソシスト』の脚本は、13歳の実在の少年が悪魔に取り憑かれ、異常行動を起こしたことで話題になった１９４９年の**メリーランド悪魔憑き事件**を参考にして作られた。

この事件で少年は、尋常ではない体勢で家の中を動き回ったり、知らないはずの汚い言葉を吐いたりするなど異常行動が続いたという。

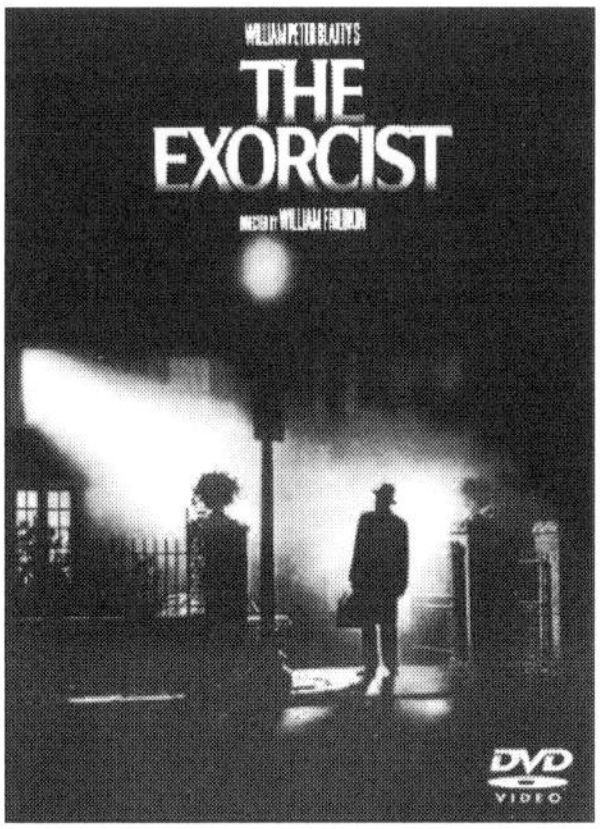

『エクソシスト』(1973年・ワーナー・ホーム・ビデオ・DVD版)

ポルターガイストなどの心霊現象も起きたといわれるが、あとになって振り返れば、本人の行動そのものには抗ＮＭＤＡ受容体脳炎の症状との共通点がいくつもあるのだ。

この少年が抗ＮＭＤＡ受容体脳炎の患者だったかどうかは定かではないし、過去の狐憑きの例がすべてこの病気の患者だとも断言できないが、てんかんなど他の病気が原因となっている可能性もある。

難病に悩まされる患者たち

この病が広く世に知れ渡ったのは、ニューヨークポストの記者として働くスザンナ・キャハランが２０１４年に出版した『脳に棲む魔物』という自伝がきっかけだ。

この本は、抗ＮＭＤＡ受容体脳炎に罹患《りかん》した女性の発病から奇跡の復活を遂げるまでの物語で、自分の体の変調がつぶさに書かれている。

それによると、ある日突然左腕がしびれ、それが下半身に広がっていった。さらに、異変は体だけでなく精神にも現れ、仕事はおろか部屋の片付けなど、日常生活もできなくなってくる。自分の心身を自分で制御できなくなってしまったのだ。

しまいには口から泡を吹くほどの痙攣発作を起こすまでに事態は悪化するが、当初下されたのは精神障害や神経性の疾患という診断だった。当然、薬はきかず症状は悪化するばかりだったが、新たに治療チームに加わった医師などの尽力によって、最後は抗ＮＭＤＡ受容体脳炎という病気にたどりつき、回復していく。この物語は映画にもなり話題を呼んだ。

また、そのあとに日本人女性の発症例もテレビ番組などでフォーカスされ、こちらも『８年越しの花嫁 奇跡の実話』というタイトルで映画化されている。

この映画は、結婚式前に突然意識を失って倒れた女性を男性が待ち続けるという話で、女性は１年半後に目を覚ますのだが、記憶障害により記憶を失ってしまっていた。最終的に２人は結婚式を挙げることができるのだが、日本のケースもアメリカのケースも、どちらも病気によって深刻な状態におちいったことがわかる。

神頼みしか打つ手がなかった昔に比べれば、現実的な治療法がある現代のほうが、いくらか救いはあるといえるかもしれない。

おそろしい心霊現象のように見えるものが、じつは疾患が原因だという可能性もあるのだ。

疾患が知られるようになった本『BRAIN ON FIRE』（邦訳版名『脳に棲む魔物』）

怖い迷信
3

年をとった猫は猫又になり夜な夜な2本足で立ち油をなめる

母の血をなめた化け猫

日本人にとって身近な動物といえば猫だろう。

猫は6～8世紀頃に中国から伝わってきたとされており、以来、日本人の暮らしになじんできた。それゆえに、ただの愛玩《あいがん》動物という一面だけでなく、あるときは人間を脅かす化け猫として恐れられてもきた。

有名なのは江戸時代の「鍋島化け猫伝説」である。

肥前国《ひぜんのくに》佐賀藩の鍋島光茂の臣下・又七郎は、碁の相手を務めていた光茂の機嫌を損ねたために斬殺された。ほどなくして、もともと鍋島家に恨みを抱いていたその母も後追い自殺する。

歌舞伎の演目になった鍋島の化け猫伝説を描いた「花嵯峨猫魔稗史」（歌川国貞画）

その母から息子の無念を聞かされ続けた飼い猫は、自害の際に流れた血をなめ、化け猫に豹変《ひょうへん》する。そして「自分に代わって鍋島家を祟《たた》ってほしい」という母の怨念が乗り移ったかのように、夜な夜な光茂のもとに現れ苦しめたという。

あんどんの油をぴちゃぴちゃなめる

こうした化け猫の伝説とともに語り継がれてきたのが、**「猫又《ねこまた》」**という妖怪だ。

古くは鎌倉時代に藤原定家が著した『明月記』に登場しており、一晩に何人もの人を殺したという。

もとは野生の猫が化けた妖怪という位置づけだったが、しだいに飼い猫でも「年をとると猫又に化ける」という解釈が定着した。

その前兆とされたのが「油をなめ始める」という行為だ。

かわいがっている猫が、急にあんどんの油をぴちゃぴちゃとなめる……これだけで当時の人たちは猫又に変わるのではないかと恐れたのである。

日本の食生活のなかで生み出された妖怪

そもそも猫は油をなめたりするものなのだろうか。

猫の好物といえば魚だ。魚にも多少の脂肪分はあるだろうが、ダイレクトに油をなめるという話は一般的ではない。

ところが、猫が油をなめることを「日本の猫ならではの習性」と解き明かした書物がある。それが、文化人類学者の石毛直道氏の『食卓の文化誌』だ。

これによると、日本人の食生活は古来、肉より魚が中心だったため、飼い猫も油っけのない残り物がおもな食事だった。

本来、猫は肉食動物だから、日本人の質素な食生活のおこぼれでは、どうしても脂肪や動物性たんぱく質が足りなくなる。そこで苦肉の策として猫自身が編み出したのが、あんどんの油をなめるという行為だったのだ。

　当時、あんどんに使われていたのは「種油《たねあぶら》」とか「水油」と呼ばれていた菜種油《なたねゆ》だった。

　この菜種油は、江戸時代においては画期的なもので、菜種から油をしぼる技術が確立したおかげで油の価格が下がり、庶民もあんどんを惜しみなく使えるようになった。その結果、夜の時間を有効活用できるようになったのだ。

『百鬼夜行』に描かれた猫又（鳥山石燕画）

　その新たな時間を生んでくれた菜種油は、栄養が足りない猫にもごほうびだったということだ。

　ただ、なにしろあんどんに使われていたものだったので、油をなめる猫の姿がろうそくの光によってふすまや壁に映し出され、光にあわせてゆらゆらとゆれる様子は、人が妖怪と考えるほど不気味だっただろう。

怖い迷信
4

五寸釘でわら人形を打ち続ければ呪った相手は死ぬ

人知れず7日間呪い続ければ…

日本人によって古くから行われてきたもののひとつに**「丑《うし》の刻《こく》参り」**がある。

丑の刻（午前1～3時）に、神社のご神木に憎む相手に見立てたわら人形を釘で打ち込むという呪いの一種で、白衣を身につけた女性が鉄の輪のようなものを頭にかぶり、その鉄の輪に火のついたロウソクを立てて行う。

毎晩同じことを繰り返し、それが7日間続けば、願いがかなって相手に呪いがかかる。ただし、その姿を人に見られると、その時点で効力が失せてしまうというものだ。

丑の刻参りをやるのはどこの神社でもいいが、ゆかりの場所としては京都の貴船神社がよく知られている。

この神社には、貴船明神が降臨した「丑の年の丑の月の丑の日の丑の刻」に参詣すると願いがかなうという伝承があり、それが呪いをかけるための場所として知られるきっかけになったといわれる。

貴船神社の奥宮。この近辺に立つ木の幹からしばしばわら人形が見つかる。

呪い＝プラシーボ効果？

心理学には**「プラシーボ効果」**という法則がある。

たとえば不眠で悩む人に、医者が「これを飲めばよく眠れますよ」と言って薬を渡す。もしもその薬がメリケン粉をこねたニセモノであったとしても、医者に言われたことを信じて飲めば眠れることがある。

本来は薬で得られる効果を薬以外のもので得ることをプラシーボ効果といい、医療現場ではよく利用されている。人間の思い込みの強さを物語っているといえるだろう。

レベッカ・フェルカーという研究者が１９９６年に発表し

た研究によると、「自分は心臓病にかかりやすい」と信じている女性が、心臓病で死亡する確率は、そう信じていない女性の4倍だったという。これも思い込みの力のひとつである。

このような性質を持つ人間が、もし〝自分が呪いをかけられている〟と知ったら、どのような心理状態になるだろう。

生きるうえで他人との軋轢《あつれき》を完全に避けることはむずかしい。その結果、誰かに嫌われることがあるのも仕方ないことかもしれない。しかし、わら人形に見立てられ、実際に夜な夜な釘を打ち込まれるほど深く憎まれていると知ってしまえば、少なからぬダメージを受けることだろう。そんなときにたまたま体調を崩したり、ものごとがうまくいかなかったりすると、その理由を〝呪い〟のせいだと考えるかもしれない。そうなればもはや「呪いの成就《じょうじゅ》」だ。

悪霊や鬼は存在しなくても、心霊的な意味あいでの〝呪い〟が実現しないとしても、人は呪いを実現する力を持っているといえる。

人間の「思い込み」の力は、想像以上に大きなものなのだ。

呪う側にとっての意味

呪いをかける側にとっても、呪うという行為が意味を持つと考えられる。

実際に相手に不幸が起こるかどうかは問題ではなく、呪いを実行に移すことでいくらかでも気分が晴れれば、それで目的の一部は達成されたといえる。

もしもタイミングよく、呪った相手にケガや病気、失敗などといった不幸があれば、それが単なる偶然だったとしても、〝自分の呪いが効いた〟と考えることもできるだろう。

「ざまあみろ」「いい気味だ」と思うことによって、たまっていた憎悪や嫉妬心が少しでも和らげば、その人にとって精神衛生上はプラスだといえる。

呪う相手に対して優越感や征服欲を抱けば、ある種の余裕さえ生まれる。そうなれば、精神的に安定して落ち着くことだろう。

思いの強さを利用して、自分の感情の平穏を取り戻すのだ。

「丑時まいりは胸に一つの鏡をかくし頭に三つの燭を点じ丑三つの頃神社にまうで杉の梢に釘うつ」と書かれている。
（『今昔画図続百鬼』より）

古代から存在した人形を使った呪い

人形は先史時代から作られていたが、人形を介して人を呪うという呪詛のしかたもやはり古代から存在したようだ。

奈良国立文化財研究所には、胸に鉄の釘が打ち込まれた8世紀の木製の人形が収蔵されているし、目や胸などに釘を打ち込んだ木製の人形も全国で何体か発見されている。

わら人形が登場したのはいつ頃かはっきりしないが、木と同じようにわらもまた農村社会の中では身近なものなので、やはり古い時代から存在したと思われる。

東京の上野公園で1877年に発見されたわら人形（出典：ColBase（https://colbase.nich.go.jp/））

子供の玩具や墓へ供《そな》えるものとしても使われていたが、呪いをかけたい相手に見立てるという使い方も早くからあったと考えられている。

人を呪うと逮捕される？

わら人形による呪いは、現代にも生きている。ネットで調べると、わら人形と五寸釘、ハンマーのセットが手頃な値段で販売されている。〝呪いのビジネス〟はひそかに盛んなのである。

しかし、そんな時代にあっても、呪いをかける行為を罰する法律はない。

２０１７年1月には、恨みを持ってわら人形を利用した52歳の男が逮捕されるという出来事が報道された。事件が起こったのは群馬県だ。県の南西部にあるゲームセンターの駐車場の駐車スペースに、釘が貫通したわら人形が置かれているのが発見された。

その駐車スペースには、いつも決まった女性が車を停めていた。その女性に好意を持った男性客がいて、女性に思いを告げたが女性は断った。それに恨みを持った男が、わら人形を置いたのだった。

女性からの訴えでその男は逮捕された。しかし、逮捕容疑は呪いそのものではなく、釘を打ったわら人形を相手の女性に見せて脅したことによる**脅迫容疑**で逮捕されたのである。

また、東京都内でも同年10月に、小学生の通学路の歩道橋に「小学校のクソガキども　ここからとびおりてみんな死ね」などといった文章をつけたわら人形をぶら下げた容疑で、42歳の男が逮捕されている。

これもまた、わら人形を見せることによって相手に恐怖心を与えたことによる脅迫容疑での逮捕だった。

万が一、呪いの効果で相手が本当に不幸になったとしても、科学的な因果関係がない限り、呪うこと自体を罪に問われることはないのである。

怖い迷信 5

自分の生き写し「ドッペルゲンガー」に会うと死ぬ

芥川龍之介もドッペルゲンガーを見た

自分の生き写し、つまりドッペルゲンガーを見るとそのあとで死ぬという話は、昔からさまざまな形で伝えられている。

その代表的なものとして、江戸時代の女流文学者である只野真葛《ただのまくず》が東北地方の不思議な話を集めた『奥州波奈志《おうしゅうばなし》』という随筆集の中の「影の病」という話がある。

北勇治という男が帰宅して自分の部屋に入ると、そこに自分そっくりの男を見た。近づくと、相手は細く開いた障子から外へ出ていった。

その年のうちに彼は病床について亡くなったという。じつはその家では、同じように自分そっくりの人間を見てそのあと死んだ者がすでに3代も続いていた。

これはドッペルゲンガーの話としてよく知られるものだ。

文豪・芥川龍之介はこの話に深い興味を抱いたらしく、彼のノートには、この話が書き写されていた。そして、芥川自身もまた、見えるはずのないものを見たあとで自殺をしたのではないかといわれる。とくに彼の『歯車』という短編小説は、まさにそのことを示す証拠だと考えられている。

死の前年に撮影された芥川（1926年）

この小説は彼の死後に発表された原稿のひとつで、主人公の視界の中に歯車のようなものが見え始め、少しずつ自分の死を恐れるようになり、妻からも「あなたが死ぬような気がする」と言われて死の影に追い詰められていく。
この歯車の幻影には、実際に芥川自身が悩まされていたといわれる。
よく知られていることだが、芥川の母親は精神を病んでおり、芥川自身も自分がその血を受け継いでいて、いつ発狂するかわからないとい

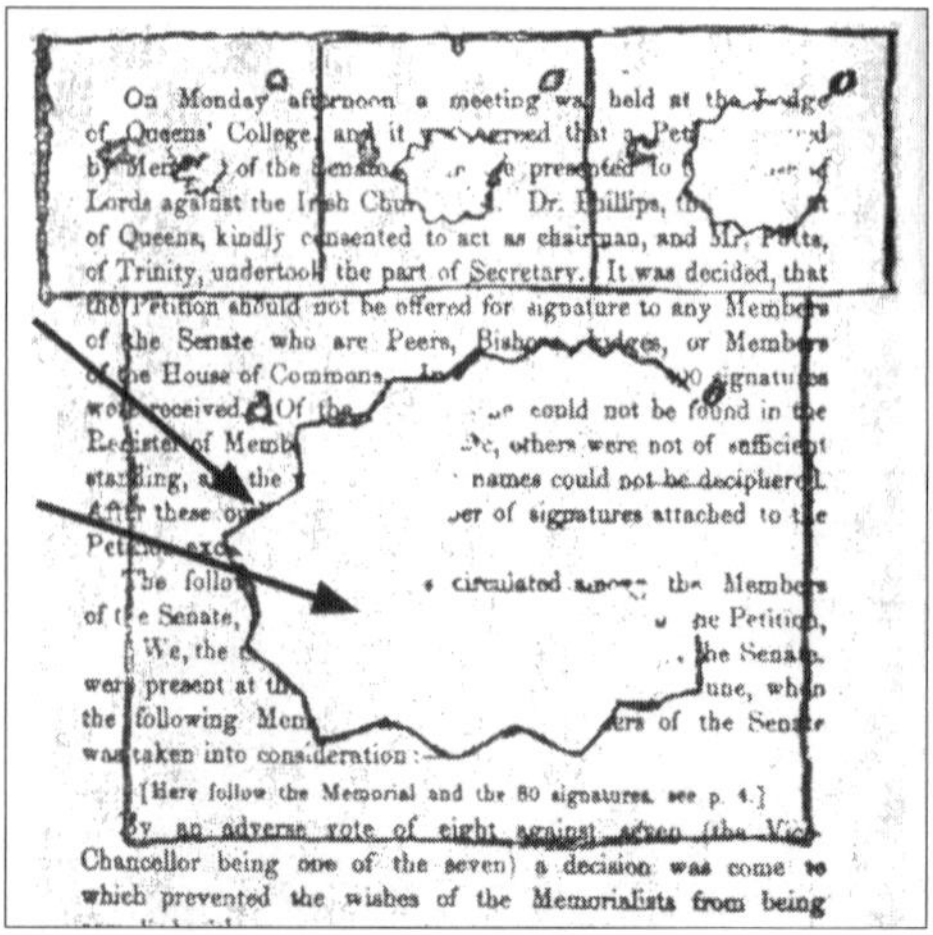

神経学者ウイリアム・ゴワースが著書（1904年）に掲載した閃輝暗点の症状の特徴。見えない部分が少しずつジグザグ状に広がっていく。

う不安を抱き続けていた。そして歯車の幻影が見え始めたとき、それは自分が精神を病み始める前兆だと感じていた。

現在では、芥川が見た歯車は、彼が抱えていた偏頭痛によって起こる**「閃輝《せんき》暗点」**という症状だと考えられている。実際、芥川自身も医者からそのような診断を受けたらしい。

こういった背景から、芥川龍之介は見えるはずのないものを見て、それが自殺の原因のひとつになったということは、今や定説となっている。

そして、芥川の母親もまた精神病だったという事実は、「影の病」に登場した北勇治が、３代続いてドッペルゲンガーを見る家系だったこととも通じる。

このように精神的な疾患のために、見えるはずのないものが見えるという現象は珍しくないが、それが自分自身の姿である場合、ドッペルゲンガー、つまり「自己像幻視」という精神疾患の症状になるのだ。

日本だけではなく、同じような話は中国にもヨーロッパにもあり、ホラー小説の題材としても数多く取り上げられている。それらのほとんどは、自分の生き写しを見た人間は、いずれも最後は死んでしまうという結末になっている。

脳《のう》腫瘍《しゅよう》が原因か

ドッペルゲンガーを見た人は、大きなストレスを抱え、精神的に不安定で、うつ状態であることが多いが、とくに**脳腫瘍**が原因だという説がある。

なかでも、脳の側頭葉と頭頂葉の境界領域に腫瘍ができると、いるはずのない、もうひとりの自分を見てしまうという。そして、そんな人が脳腫瘍が原因で死ぬと、あたかもドッペルゲンガーを見たことが死んだ理由であるかのように思われてしまうわけだ。

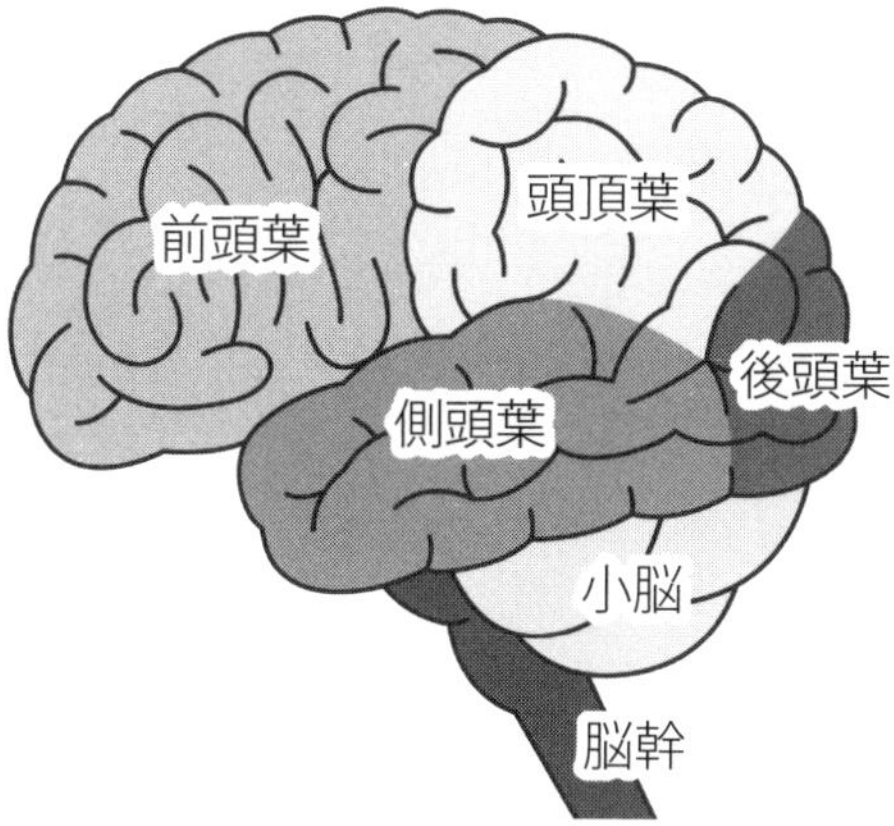

オリヴァー・サックスというイギリスの神経学者は、さ

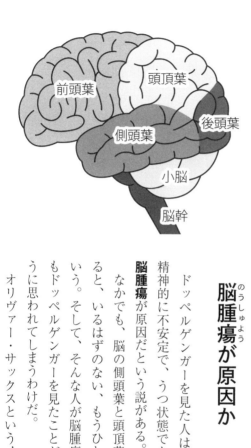

まざまな心理学的な症状の研究で知られるが、とくに見えるはずのないものが見えてしまう現象を書いた『見てしまう人びと 幻覚の脳科学』の著者としても知られている。彼によると、手術で脳の腫瘍を切除するとドッペルゲンガーを見なくなったという例もあるという。

また脳腫瘍でなくても、偏頭痛が発生する原因となるような脳内血流の変化によって脳の機能が低下し、それが原因で見えることもある。芥川龍之介も偏頭痛に苦しんでいたことは前述のとおりだ。

さらに、ドッペルゲンガーは、偏頭痛やてんかんの症状が現れる前兆を感じたときに見えるとの報告もあるという。いずれにしても、何らかの疾患が原因であることは間違いないようだ。

自分が目の前に現れる恐怖

なぜドッペルゲンガーは、他人の像ではなく、自分自身の姿を見るのだろうか。

人間は誰でも鏡に映った自分の姿を何度も見て、それを記憶している。脳の、ある特定の部位が何らかの刺激を受けたり、あるいは疾患によって異常を起こしたとき、記憶している自分の姿が実像として目の前に現れると考えられる。

実際、ドッペルゲンガーは、その人の姿勢や動きを真似していることが多い。また、右が左に、左が右になっており、鏡に映し出された姿のようだともいわれる。つまり、**ふだんの自分自身を鏡に映した虚像**なのである。

場合によっては、ドッペルゲンガーを見たと思い込み、そのショックから心臓麻痺で急死することもあるだろう。その人が「ドッペルゲンガーを見たら死ぬ」という情報をあらかじめ知っていて、それを信じていれば大きな衝撃となり、それが精神的なストレスになるのは間違いない。

もうひとりの自分におののく人物（ロセッティ画「どのようにして彼らは彼ら自身に会ったか」）

いずれにしても、自分の生き写しを見た人は、精神的な病、とくに脳に異常があり、もうひとりの自分を見たと思い込んで、それがきっかけになって急激に病状が悪化して死んでしまうということは実際に起こっていることなのである。それが「生き写しを見る」という怪異な話として語り継がれたとしても、けっして不自然ではないのだ。

怖い迷信
6

カラスが鳴くと死者が出る

「あの人もそろそろかな」

カラスを不吉な鳥と感じる人は少なくない。全身が真っ黒ということもあってか、怖いイメージもある。都市部ではゴミをあさったりイタズラをしたりするため、どうしても悪者という印象が拭えない。

昔は、「死」と結びついた鳥としてもとらえられており、なかでも「カラスが鳴くと死者が出る」というたぐいの言い伝えは多い。

墓場にカラスが集まっている光景は、日本人にとっておなじみのものである。病人がいる家の上空や周囲にカラスが群がっていると「あの人もそろそろかな」と噂したり、怪談話では幽

神武天皇を導く八咫烏（安達吟光画）

霊が出るときの前触れとしてカラスが集まり鳴き叫ぶのがおきまりだったりする。
有名な落語の「野ざらし」でも、頭蓋骨を発見する直前にはカラスが舞うことになっている。カラスにはどうしても死と結びつくイメージが強いのだ。

神武天皇を道案内した八咫烏《やたがらす》

じつはカラスには、神の使いの鳥として崇められている一面もある。『古事記』の中には、神武天皇が山の中で迷ったときに、三本足のカラスが現れて道案内をしたという話がある。

これは「八咫烏」と呼ばれるが、現在はサッカーの日本代表チームのエンブレムになっていて、広く親しまれている。

そんな神々しいイメージを持ちながらも、不吉な鳥とされるのはなぜだろうか。

そこには、日本の古い葬儀の習慣とのかかわりがある。

長かった土葬の習慣

現在では、死者は火葬にするように義務づけられている。しかし、かつては**土葬**が当たり前だった。土葬は、古くは旧石器時代から行われていたと考えられるが、その頃は特定の場所に葬られるわけではなく、あちこちに埋められていた。

それが縄文時代以降になると、死者を葬る場所が決められ、同じところに複数の死者を埋葬する習慣が生まれた。

火葬の習慣が生まれたのは飛鳥時代で、仏教伝来とともに大陸から伝わってきたとされている。といっても、火葬にされるのはまだ特権階級の人だけで、庶民は相変わらず土葬だった。

日本で火葬が当たり前になったのは明治時代以降であり、それまでは、土葬の習慣が長く続いていたのである。

すべての人が火葬されるようになるのは、昭和に入ってからだ。そして、カラスが鳴くと死者が出るという迷信は、まだ土葬が当たり前だった時代に生まれたものだ。

水の中に重しを入れて水面を上昇させることで、浮いているエサを食べようとするカラス（「How Smart Are Crows? | ScienceTake | The New York Times」（https://www.youtube.com/watch?v=s2IBayVsbz8&t=1s より）

カラスは7歳児程度の知能を持つ

土葬では、葬儀が行われたあとに墓地へ送られて野辺《のべ》送《おく》りにされ、そのまま、あるいは棺に入れられて地中に埋葬された。

その際、あの世への長い旅路に出る死者のために**一汁一菜の食事やダンゴなど**が用意され、埋葬した場所に供《そな》えられた。

これが、カラスを引きつける理由である。

カラスは頭がいい鳥だ。近年の研究では、人間の3歳児程度の知能がある、また研究者によっては7歳児くらいの知能を持つともいわれる。

たとえば、こんな実験がある。細い容器に水

水道の蛇口をひねるカラス

を入れて、その水面にカラスのエサを浮かべておいた。ただし、カラスのくちばしでは届かない。するとカラスは、石を何個も入れて水面を上昇させて、水面のエサを食べたという。

また、別の実験では、カラスの死骸（作り物）を持った人間と、何も持っていない人間とを野外に立たせて、カラスがどんな反応をするか観察したところ、死骸を持った人間のそばでカラスは激しく鳴いて騒ぎ、ほかのカラスに警戒を呼びかけた。

あるいは、カラスにいじわるをした子供に対して、ゴミ置き場からくわえてきた食べ物の容器を落として仕返しをしたという話もある。

このように知能のあるカラスが、死者が埋葬される場所には食べ物があることを知っていてもおかしくはない。カラスはそれを狙っていたのである。

現在でもゴミ集積所などのゴミを狙ってカラスが集まる光景をよく見かけるが、かつてカラスは同じことを墓場で行っていたのだ。

ちなみに、カラスは視覚を利用して食べ物を探す。網膜にある視神経細胞の数を比べると、人間は約100万個だが、カラスは約360万個といわれる。また、人間は3原色で色を見ているが、カラスは近紫外線も含めて4原色で世界を見ている。つまり人間以上に微妙な色の違いを区別することができるのだ。

家庭から出されたゴミ袋の中から、食べられるものだけを発見して運んでいくカラスを見た人もいるだろうが、それも目で見て確かめるからできることなのだ。

墓地に供えられた食べ物を遠くから見分けることは、カラスにはたやすいことなのである。

夜に鳴くことに対する不吉なイメージ

カラスは動物性のものでも、植物性のものでも食べる。小動物、昆虫、果実なども食べるし、死肉も食べる。死者ではなく、**死者に供える食べ物を狙ってカラスが集まる**のだ。その光景が日本人の記憶に根づき、カラス＝死者というイメージができたと考えられる。

また、もともとカラスは真夜中に鳴くことが珍しくない。人間がその声を聞いて、不吉な印象を持ち、良くないことが起こる、死者が出ると思い込んだことが、カラスが鳴くと死者が出るという迷信につながったのである。

カラスは死そのものを察知しないし、死体にも興味を持たないのである。

怖い迷信 7

3人で写真を撮ると真ん中に写った人は早死にする

写真撮影のときの習慣が原因か

みんなで一緒に並んで写真を撮る際に「真ん中の人が早く死ぬ」などと言われることがある。現在ではあまり聞かなくなったが、40年くらい前までの日本では、子供でも3人で写真を撮るときには真ん中に入ることを嫌がったりしたものだ。

じつはこれは、あながち迷信とも言い切れない。

といっても、何か呪いがかけられるといったたぐいの話ではない。

日本にカメラが入ってきたのは1848（嘉永元）年のことで、入手したのは薩摩藩の島津家だった。当時、1枚の写真を撮るには数十分かかり、その値段は現在に換算すると6〜8万円した。そうなると、写真を撮るのは何かのイベントや集まりなど特別なときがほとんどだった。そんなときに複数人で写真におさまろうとすると、年功序列によって**最年長の人が真ん中になる**。人間の寿命を考えると、真ん中の人が早く亡くなるというのは仕方のないことだ。

写真が死を連想させる理由はほかにもある。

幕末の一般の日本人が初めて目にした写真は、ペリー艦隊の従軍写真家だったエリファレット・ブラウン・ジュニアが撮ったものだった。彼が持ち込んだカメラはフランスで発明されたダゲレオタイプといういわゆる銀板写真で、撮影した画像は鏡に映したように**左右が反転**した。

エリファレット・ブラウン・ジュニアが撮影した日本最古の写真のひとつ「松前藩士・石塚官蔵と従者像」（1854年）

そうすると、でき上がった写真では着物のえりの合わせが逆になる。着物の合わせは自分から見て左が前に来るもので、右が前になるのは亡くなった人に着せる死装束だけだ。

まるで魔術のように人や風景を写し、しかも被写体が着ている着物は死装束のようになる。そうした不気味さも相まって、写真に死のイメージがついたのだと考えられるのだ。

怖い迷信
8

レントゲン写真を何回も撮ると死ぬ

放射能の危険はどのくらい？

健康診断などで、毎年レントゲン写真を撮るという人は多いだろう。

現代では、レントゲン検査の際に微量の**放射線**に被ばくすることがわかっており、体に負担がかかるのは事実である。しかし総合的に考えると、がんの兆候を発見できるというメリットがデメリットを上回るため、定期検診などでは必須の項目となっている。

とはいえ、「何回も撮ると死ぬ」と聞くと、心配になってしまう人もいるだろう。実際にレントゲン検査で浴びる放射線は、蓄積すれば死に至るほど体に影響があるのだろうか。

環境省のデータによると、胸部レントゲンを1回受けたときには0・06ミリシーベルトで、

CT検査は2・4〜12・9ミリシーベルトの放射線を浴びることになるという（「放射線による健康影響等に関する統一的な基礎資料（平成28年度版）」）。

ちなみに、原子力などの放射線を取り扱う作業者の年間の線量限度は50ミリシーベルトなので、それに比べても被ばく量は少ないことがわかる。

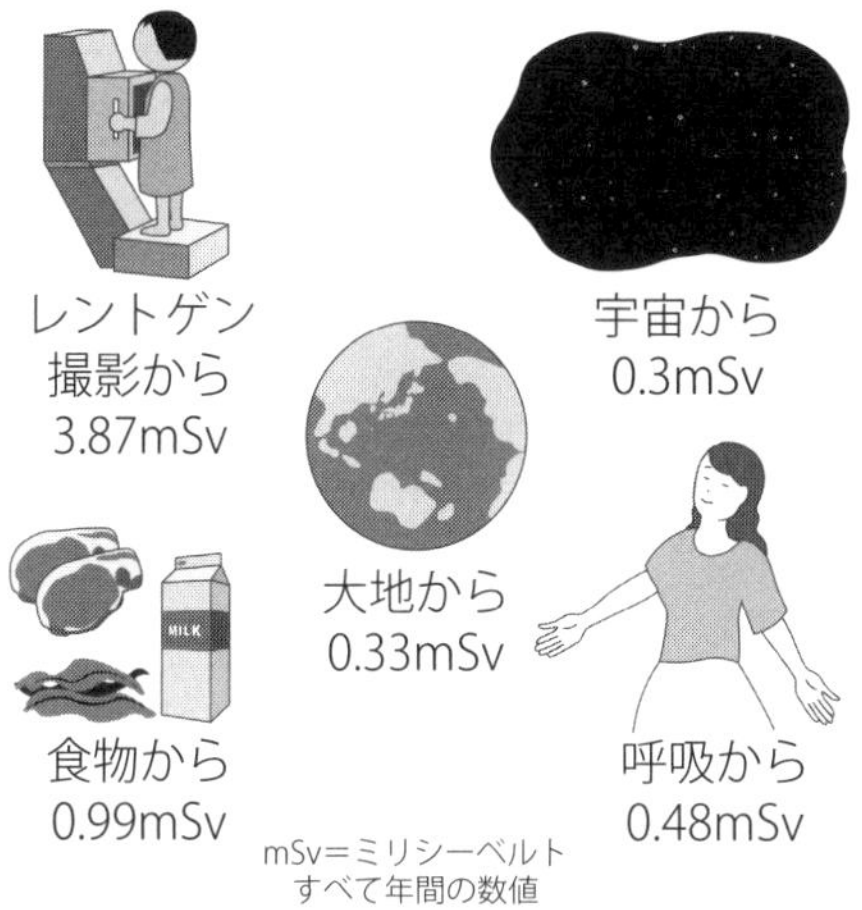

また、人間が受ける放射線はレントゲンによるものだけではない。目には見えないが、地球上には宇宙と大地から合わせて0・6ミリシーベルト程度の自然放射線が降り注いでいるし、食物によって0・99ミリシーベルト程度の内部被ばくを受けている。

これらを合計すると日本で被ばくする**自然放射線**量は年間2・1ミリシーベルトだが、土壌に含まれる放射性物質が多いインドのケララ州では、年間3・8ミリシーベルトだ。

だが、だからといってこの地域の住民が特別に染色体の異常が多かったり、寿命が短いといったことはないという。

怖い迷信 9

しゃっくりが100回続くと死ぬ

基礎疾患と関係している？

しゃっくりは誰にとっても息苦しいものだ。「しゃっくりが100回続くと死ぬ」という迷信があるが、自分のしゃっくりの回数を数えて、100回に近づくと怖くなる人もいるかもしれない。

そもそもしゃっくりは、医学用語では**「吃逆《きつぎゃく》」**といわれ、横隔膜が痙攣《けいれん》することによって起こる現象である。痙攣によって声帯の筋肉が収縮し、声帯が急に狭くなり、そこを吐く息が通るときに、あの「ヒック」という音が出るのだ。

本人の意志とは関係なく出るが、ほとんどの場合は2日以内におさまる。この場合は「急性吃逆」と呼ばれ、食べ過ぎで胃が大きくなったり、炭酸飲料やガム、タバコ、あるいはストレスや興奮が原因の場合もある。いずれにしても、必要以上に心配することはない。

つまり、「しゃっくりが100回続くと死ぬ」というのは事実ではないのだ。

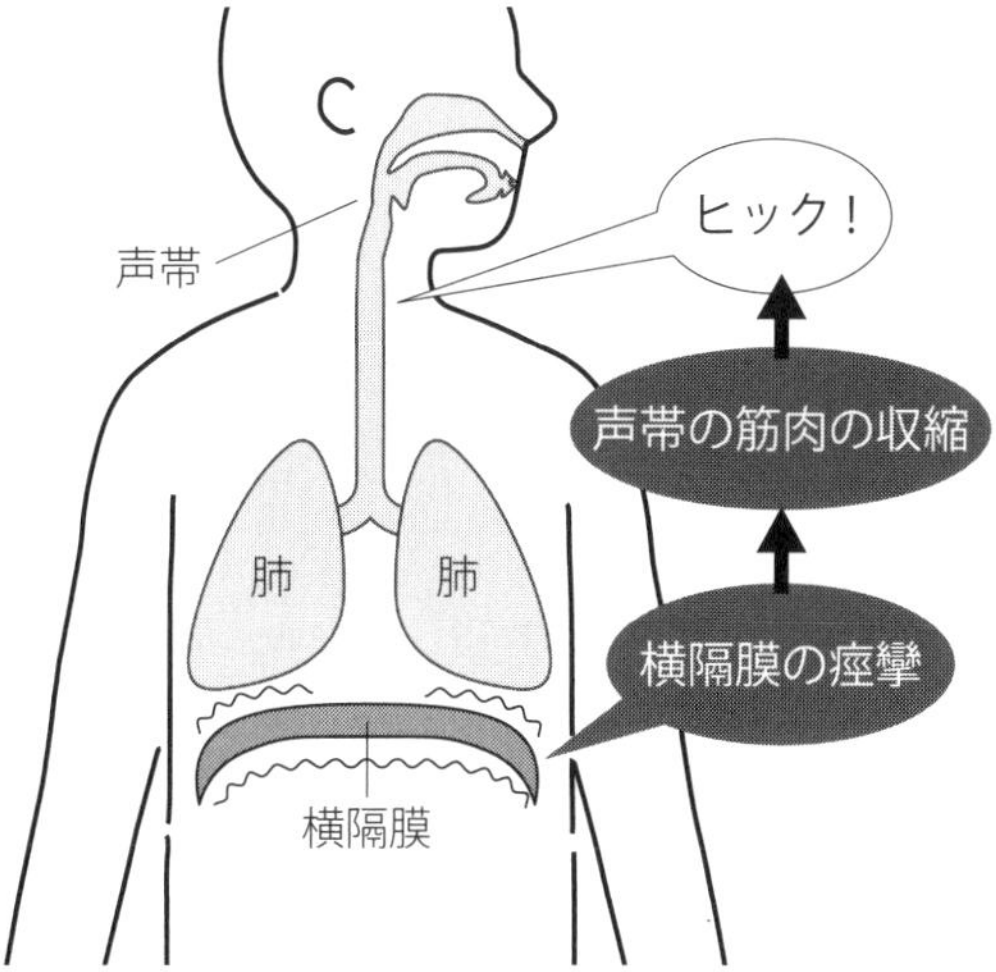

長引くしゃっくりは重大な病気が原因かも？

ただ、「たかがしゃっくり」と思って甘く見るのも間違いといえる。

しゃっくりが2日以上続くと「慢性《まんせい》吃逆」と呼ばれ、さらに1ヵ月以上おさまらない場合は**「難治性吃逆」**となり、呼吸困難や嘔吐《おうと》などの合併症をともなうこともある。

あまりにも長引く場合には、脳や呼吸器、消化器などの基礎疾患と関係している可能性もあるので、注意が必要だ。

たとえば、脳梗塞《のうこうそく》や脳出血、脳腫瘍《しゅよう》、脳動脈瘤《どうみゃくりゅう》、あるいはてんかんといった脳の病気の症状としてしゃっくりが出ることがある。こういった病気のために脳と脊髄をつなぐ中枢神経が刺激を受け、そのために起こるしゃっくりがあるのだ。

この場合は「難治性吃逆」になることもある。とくに、吐き気や息苦しさ、しびれ、歩行困難などが同時に見られるようであれば、場合によっては医者の診断を受けたほうがいい。

また、胸の痛み、息切れ、たん、声のかすれ、肩こりなどをともなう場合は、呼吸器の病気を疑ったほうがいい。肺炎や肺がん、気管支喘息などの病気により、迷走神経や横隔神経が刺激を受け、それがしゃっくりにつながることがあるからだ。

そして、消化器系の病気、たとえば胃潰瘍《いかいよう》や十二指腸潰瘍、逆流性食道炎などの病気につながることもあるので、しゃっくりが長引くようであれば、放置するのは禁物だ。胃がんや食道がん、腸閉塞の場合もあるので気をつけたほうがいい。

ギネスの記録は約4億3000万回

このように、いろいろな病気の症状や兆候としてしゃっくりが続くことはある。おそらく、しゃっくりを放置したことで大病になった人を見たことから生まれたのが、「しゃっくり

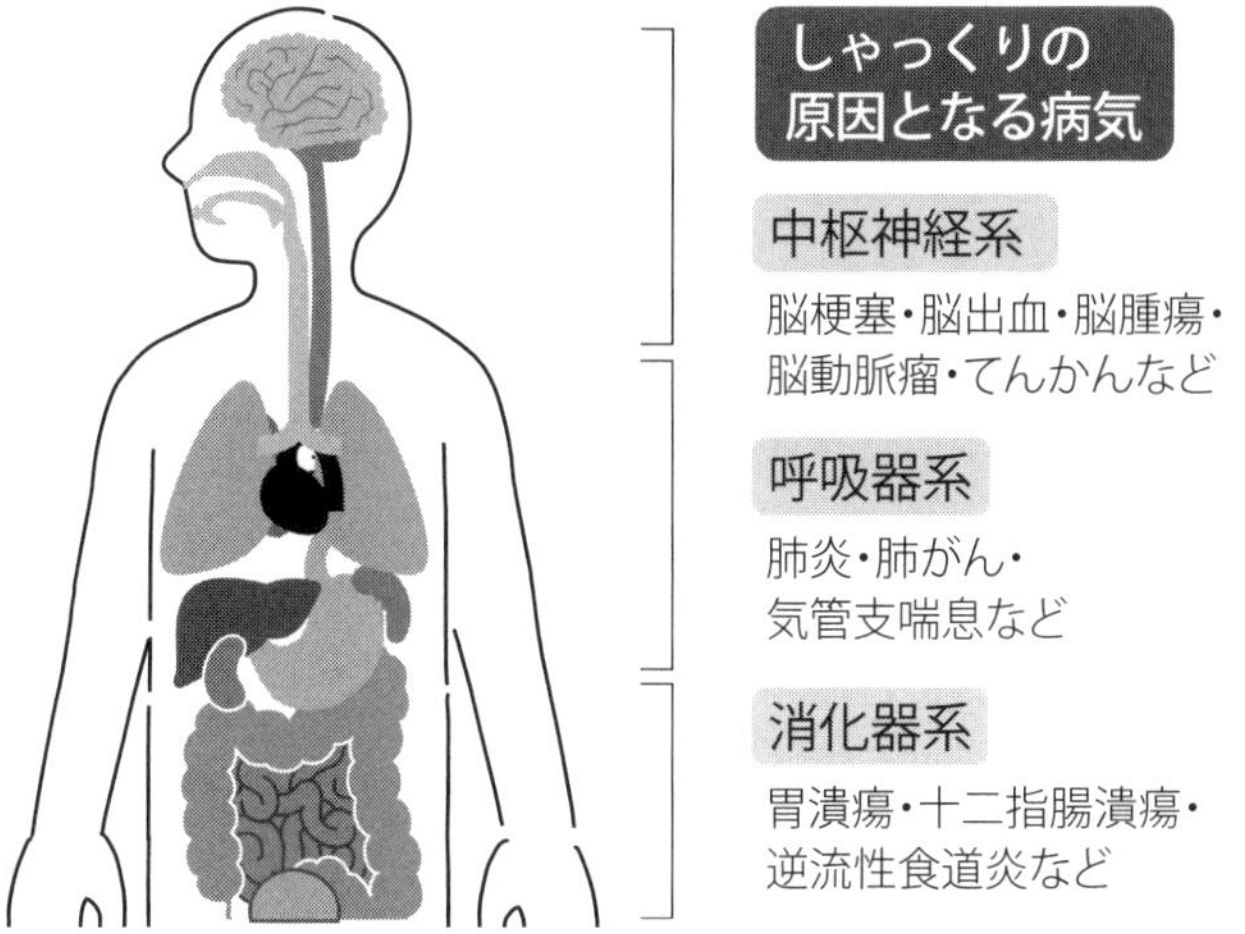

が１００回続くと死ぬ」という迷信と考えられる。しゃっくりを甘く見ないで、もし長引くようなら医者の診断を受けるべしという警告なのだ。

診療科目の多い大きな病院へ行くときには、まずは内科に行くのがいい。とくに、誰か大切な人に会う前や、厳粛な行事を控えているときには、緊張からひどくなることもあるので早めに対処したい。

ちなみに『ギネスブック世界記録事典』（１９８６年）には、１９２２年から60年間しゃっくりが続いた人の記録がある。回数は**約４億３０００万回**だったという。

また『ギネス世界記録２００４』には「もっとも長く続いたしゃっくり」として、１９２２年から１９９０年まで続いた記録が紹介されている。

どちらの人も、しゃっくりが原因で亡くなることはなかった。

怖い迷信
10

お盆に海で泳ぐとおぼれる

あまり知られていない離岸流《りがんりゅう》の恐怖

夏休みに郷里に帰省した人やその子供などが、さあ海で遊ぼうとなったときに言われるのが「お盆に泳ぐとおぼれる」という言葉だ。

一般的なお盆期間は、東京などの一部を除き8月15日前後にあたる。日本ではまさに暑さもピークという時期だが、もうひとつ、夏の風物詩ともいえる気候現象が起きる時期でもある。それは**台風**だ。

日本に台風が上陸するのは、気圧配置との関係で8月下旬から9月頃が多い。しかし、それ以前にも遠くの海上では熱帯低気圧が盛んに発生している。

南方の海域で発生した熱帯低気圧による高波は、いくつもの波が合わさって日本沿岸にたどり着く頃には大きな波となる。ときに10メートルを超えるほどの波は〝土用波〟とも呼ばれ、水難事故の原因になってきた。

そして、土用波のように大きな波でなくても、台風などの影響で強い風によって吹き寄せられた波が海岸線にたまり、その水が沖に向かって戻ろうとする流れが**離岸流**だ。

離岸流は日本海や太平洋などの外洋に面している、遠浅で海岸線が長い、波が海岸線に対して直角に入るといった地理的条件を満たす場所で起こりやすいため、海水浴客が集まる海岸でも頻繁に見られる現象である。

海岸の浅いところで遊んでいたつもりが、いつの間にか遠くに流されてしまうという事故は離岸流によるものが多い。

この迷信は、お盆の時期は海に人が多いうえに土用波や離岸流が起きやすいために海難事故が多くなるということを意味しているのである。

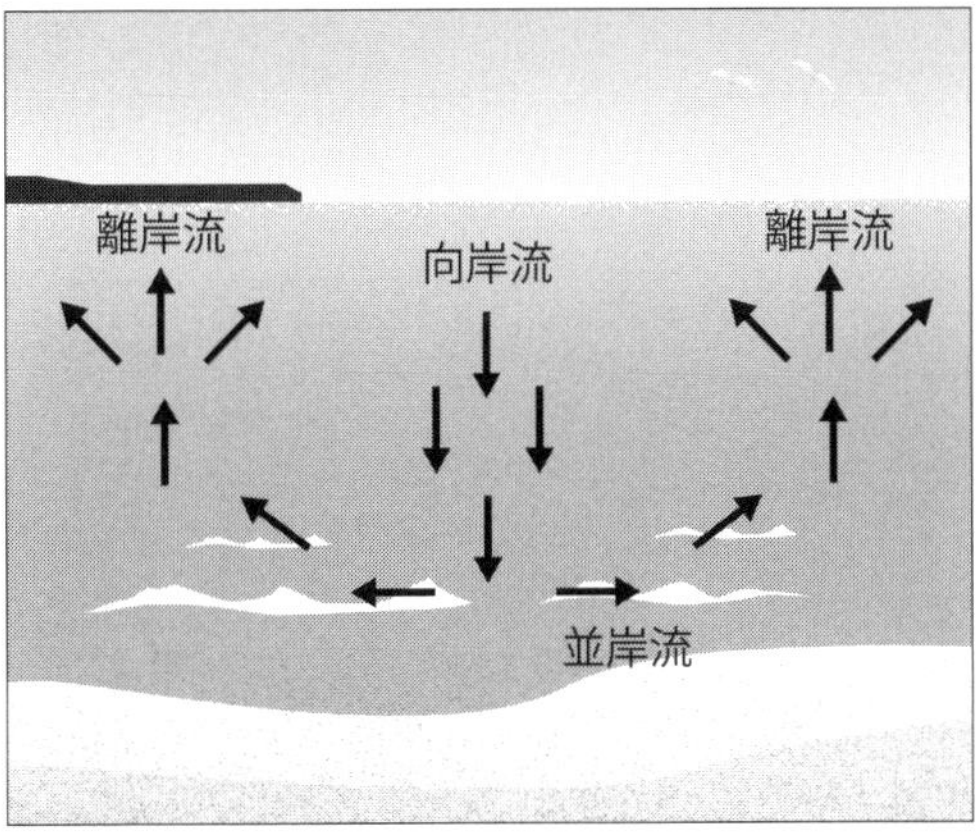

離岸流の動き（第九管区海上保安本部海洋情報部ホームページのデータをもとに作成）

怖い迷信
11

寝言に返事をすると寝ている人が死ぬ

霊が魂を抜いてしまう？

自分のことなのに自分でわからないのが、睡眠時の状態である。いびきや歯ぎしりなどはもちろん、意外と寝言が多いという人もいる。

寝言といっても、ムニャムニャと声を発するだけで言葉になっていないものもあれば、まるで起きているかのようにはっきりとしゃべる人もいたりする。そんなときはつい面白がって寝ている人と会話をしたくなるが、昔から「寝言に返事をしたり話しかけたりしてはいけない」と言われたものだ。

その理由は、寝言に返事をすると、**寝ている人があの世に連れていかれてしまう**からという

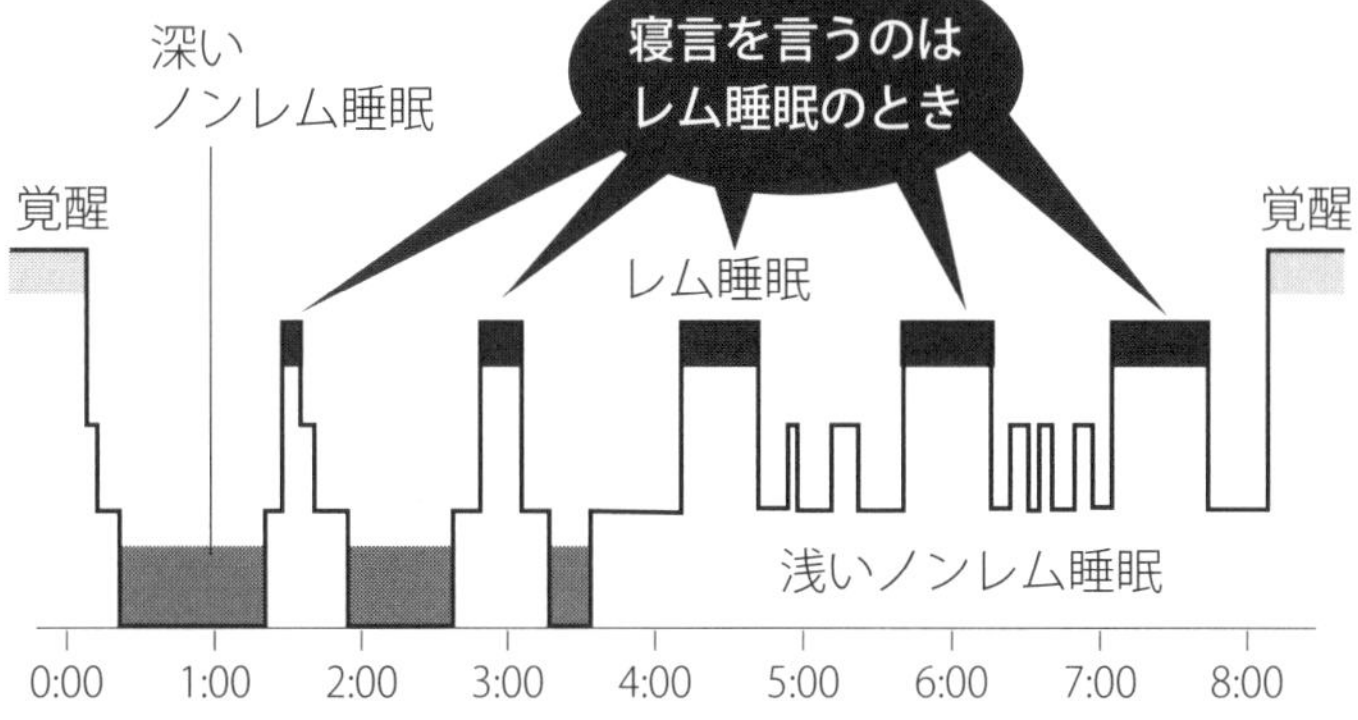

（厚生労働省 e- ヘルスネット https://www.e-healthnet.mhlw.go.jp/information/heart/k-02-004.html（三島和夫著）のデータをもとに作成）

ものだ。寝言はそこに来ている霊との会話なので、割って入ると霊が怒り出してしまい、その人の魂を抜いてしまうというのだ。

不眠の弊害は大きい

だが実際のところ、寝言に話しかけてはいけない理由はシンプルで、睡眠の邪魔をしないためだ。

人間は睡眠時に**レム睡眠**とノンレム睡眠を繰り返している。ノンレム睡眠は眠りが深く、レム睡眠は眠りが浅い。脳もある程度動いている。

夢を見るのはレム睡眠時なので、寝言を発するのもこのときが多い。そこで話しかけたりすると、寝ているのに脳が会話をしようと活性化してしまい、本人の眠りを妨げてしまうというわけだ。

人間の身体にとって、睡眠はとても重要だ。睡眠不足や質の悪い睡眠は、場合によってはいろいろな病気の原因になる。

睡眠時間が足りないときやぐっすり眠れなかったとき、翌日に頭がボンヤリしたり頭痛を起こしたりした経験は誰にでもあるだろう。

浅い眠りだと、本来は眠っている間に解消されるはずのストレスが消えず、それが不調につながることも珍しくない。それが高じて、うつ病になる場合もある。

太っている人は要注意

また、肥満気味の人にとっては、睡眠不足が**生活習慣病の引き金**になるケースもある。糖分の過剰な摂取と睡眠不足があいまって、糖尿病や脂質異常症、高血圧などのリスクにつながることもあるのだ。

また、睡眠不足によって、脳の記憶をつかさどる海馬という部分が委縮して記憶力の低下を招くこともある。これを放置すると、アルツハイマー型認知症につながるおそれもあるのだ。

健康のために質の良い睡眠を十分にとることは必要不可欠であり、そのためにも、人の睡眠を妨げることはしてはならないのだ。

怖い迷信
12

子供たちが賽《さい》の河原で積む石塔は鬼によって何度も壊される

指先を血に染めながら石を積む子供たち

一つ積んでは父のため、二つ積んでは母のため――。そんなもの悲しい歌を歌いながら幼くして亡くなった子供たちが指先を血に染めながら石を積んで塔を作るのが、賽の河原伝説に描かれた風景だ。

仏教では、親より先に死ぬことを「逆縁《ぎゃくえん》」と呼び、親不孝だとされている。若くして死んだ子供たちは、つぐないのために三途の川を渡る前に河原の石を積み上げて塔を作らなければならない。しかし、**夜な夜な地獄の鬼たちが現れてその塔を壊してしまう**ので、子供たちはいつまでもいつまでも石を積み続ける。

浜辺に積み上げられた石塔（佐渡島の賽の河原）

賽の河原伝説のイメージは、鎌倉時代の僧侶が記した『賽の河原地蔵和讃』によるものだというが、実際に賽の河原という地名を冠した場所は全国各地に点在している。

なかでも有名なのは、新潟県の佐渡島、京都の鴨川と桂川の合流地点、青森県の恐山、鳥取県の大山、北海道の奥尻島などであるが、共通しているのは石だらけの荒涼とした場所だということだ。

各地の賽の河原には積み上げられた石塔やお地蔵様などがあり、現在も信仰の対象になっているところが多い。

鬼に代わって波が石積みを砕く

賽の河原伝説が悲しさを誘うのは、子供たちが積み上げても積み上げても一晩で崩されてしまう石塔だが、〝現世〟の賽の河原で石を積んでも崩されてしまうだろう。**潮の満**

海水の動きに影響する力

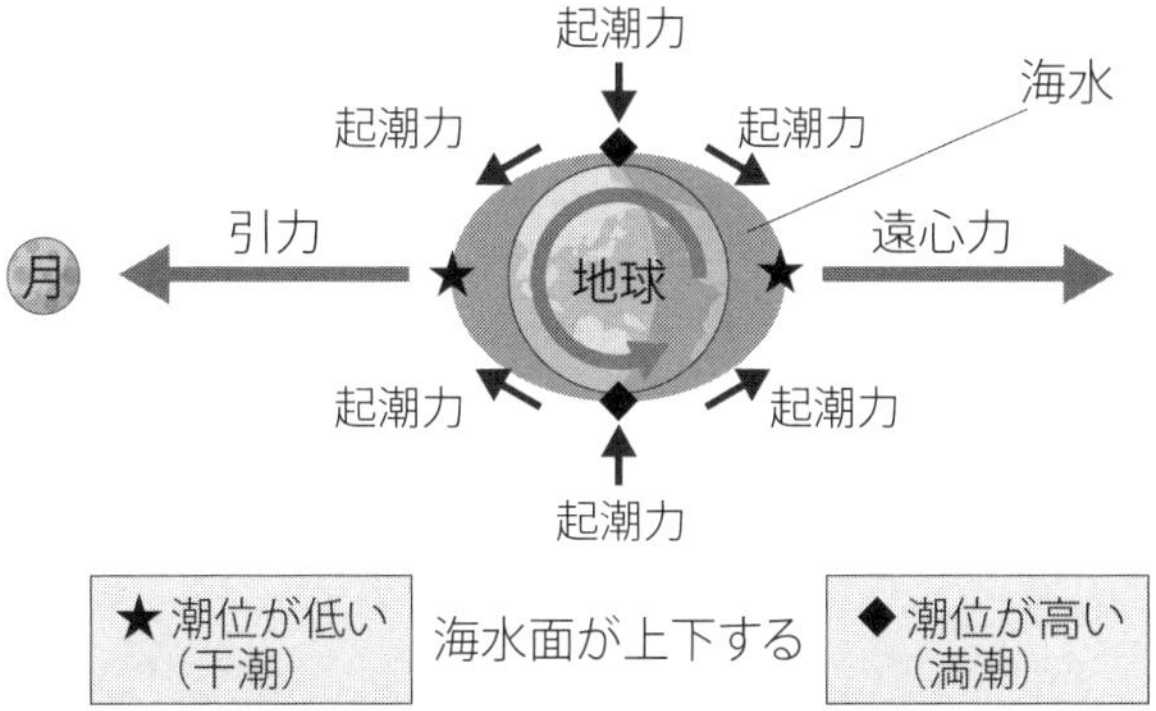

※起潮力は地球を引き伸ばす方向に働く

ち引きによる影響を受ける場所が多いのだ。

海水面が12～24時間周期で変化することを潮汐《ちょうせき》と呼ぶ。月や太陽の引力が地球の海水を引っ張り、その影響で海水面が上がったり下がったりするのだ。その結果、海岸や川の河口付近は水が満ちたり引いたりする。

賽の河原がある場所の多くは、堤防などがないむき出しの地形だ。潮汐の影響はダイレクトに受けるはずで、水の流れによって小石などは簡単に位置を変えてしまう。仮に石を積んだとしても、積み上げるほど不安定になり、潮の影響で簡単に壊れてしまう。

つまり、実際の賽の河原では、地獄の鬼に取って代わって**波が石塔を崩す**のである。

潮汐の周期は半日から1日なので、積んだ石塔は一晩で崩れてしまう計算になる。

賽の河原は古くからの伝説だが、そこに描かれる光景は科学的に説明できるのである。

怖い迷信
13

彼岸花《ひがんばな》を抜くと死者が出る

墓の周りに群生するのは偶然か

秋のお彼岸の頃になると、真っ赤な花を咲かせるのが彼岸花だ。リコリスや曼珠沙華《まんじゅしゃげ》という別名を持ち、放射状に伸びた細い花びらが美しい。

しかしその美しさとは裏腹に、彼岸花には陰鬱《いんうつ》なイメージがつきまとう。彼岸花を抜くと死者が出るとよくいわれるのは、そのイメージにぴったりの不吉な言い伝えだろう。

彼岸花は昔から**墓地周辺に植えられることが多かった**。現在でも墓地の周りなどに植えられているのをよく目にするだろう。

つまり、彼岸花の不吉なイメージはその群生地から生まれたものでもあるのだが、墓の周り

彼岸花

に彼岸花を植えるというのは科学的な視点で見ると理にかなったものだったのだ。

天然の獣害対策になる

昔の日本の埋葬スタイルは土葬が中心であり、墓には故人の遺体が眠っていた。そうなるとネズミなどが集まってしまい、場合によっては墓が荒らされるという事態になりかねない。それを防ぐために植えられたのが彼岸花なのだ。

彼岸花には、**花、茎、葉、根のすべてに毒がある。**とくに危険なのが球根部分で、１グラムあたり０・15ミリグラムのリコリンが含まれている。

リコリンはアルカロイド系の毒で人間の致死量は約10グラムで、少しかじった程度では命を落とすことはないのだが、少量であっても嘔吐《おうと》や下痢などの中枢神経障害を引き起こす強い毒性を持っている。

体の小さいネズミなどが墓を荒らそうとして土を掘れば、彼岸花の根っこなどを口にして死んでしまうこともあるのだ。

昔の日本人はそのことを経験から知っていて、墓の周りに彼岸花を植えることで墓を守った。墓だけでなく畑や田んぼの周りに植えられていることが多いのも**獣害対策**なのである。

彼岸花の球根（リーボン/PIXTA）

もし彼岸花を抜いてしまったら獣害対策の意味がなくなってしまう。そうならないためにも、子供たちをはじめとした地域の人々に「抜いてはいけない」という戒《いまし》めを広く伝える必要があった。しかも、彼岸花を抜いて遊んだり、持ち帰ってきたりしたら、体の小さな子供などは誤って口にして命を落としかねない。
彼岸花を抜くと死者が出るという言葉には、花が持つ毒を利用して田畑の作物や墓を守る一方で、その毒からそこで暮らす人たちの健康を守るというメッセージがこめられているのだ。

2章　言い伝えの裏側

言い伝え
1

ナマズが騒ぐと地震が起きる

鹿島神宮の大ナマズが要石の押さえを破った?

江戸時代に流行った錦絵の中で大ナマズを描いたものをさして〝鯰絵《なまず》〟と呼ぶが、ナマズが騒ぐと地震が起きるという言い伝えはこの鯰絵と深いかかわりがある。

鯰絵が描かれた背景として重要なのが、古くからある鹿島信仰だ。茨城県の鹿島神宮の地下には大ナマズがおり、それを要石《かなめいし》が押さえているというものだ。

1855(安政2)年、旧暦の10月2日に安政江戸地震が起きた。1850年代は地震が日本各地で起きているが、なかでもこの地震の被害は大きく、古文書に基づいて推定された震度は現在の東京都内や茨城県取手市あたりで震度6以上、死者は江戸だけで1万人前後に上った

1855年のかわら版に描かれたナマズ。安政江戸地震の影響で大損をこうむった吉原の遊女たちがナマズを打ちすえている。

という。

地震が発生した10月は**神無月**という別名があるように、日本全国の八百万の神々が出雲大社に集まる月とされている。そうすると出雲以外の土地では神が不在になる。

そのため、安政江戸地震の原因は、鹿島神宮の大ナマズが要石の押さえを破って暴れたためとする噂が広まった。そして、当時人気を博していた錦絵の中で、大地震をナマズに見立てて慌てる人々や、ナマズを退治する神様などさまざまな絵が描かれ、地震とナマズの関係が一般に信じられるようになったのだ。

皮膚で電気の変化を感じる

日本では、地震の際にナマズが騒ぐという点に関して、繰り返し研究が行われてきた。

1923（大正12）年9月に起きた関東大震災の後も、東北大学の研究室において振動や電流を使った実験が行われている。また1976年から1992年までは、東京都の水産試験場でナマズと地震に関する研究が行われている。

実際のところ、ナマズの地震予知能力はどれくらい期待できるのだろうか。

ナマズは、**全身の皮膚で電気の変化を感じることができる**のだという。しかもその感度は高く、約7平方キロメートルの広さがある芦ノ湖くらいの水場に小さな電池をひとつ落としたくらいの変化でも気づくといわれる。

地震が起きる前後には、さまざまな電磁気の変化が観測される。1995年1月17日に起きた阪神淡路大震災では、2週間ほど前からリモコンや携帯電話の動作に異常があったと報告されている。

このような**電磁気の異常**が早期に観測できれば地震予知に大きく貢献できると、地球物理学の専門家の一部も考えている。

異常行動をする個体は約3割

しかし、ここ数十年で人間はより多くの電波を使うようになった。日常の生活圏は電磁波であふれ、地中にも多くの電流が流れ込んでいる。いくら敏感なナマズのセンサーでも、地震の前触れだけを人間に知らせることなど至難の業である。

デンキナマズのように自分で発電できるナマズもいる。
(©Cedricguppy - Loury Cédric/CC BY-SA 4.0)

過去に行われた多くの研究でも、**地震の予知行動と思えるような異常行動をナマズが示す割合は3割を超える程度**だったという。

世界では、これまでに地震の前兆を検出する研究が行われてきた。なかでも、地震の前に動物が異常な行動をとるという現象は多く確認されている。

たとえば、1975年に中国で起きた海城地震では、魚や動物などの異常行動の観測によって大地震の発生を予知し、事前に行政サイドが警告を出すことに成功したとされているというのだ。

地震予知にはまだ課題が多いが、ナマズに限らず、動物が地震の前兆を何らかの形で検知している確率はまったくないとはいえないのだ。

言い伝え 2

地震のときは竹やぶに逃げろ

地下でひとつにつながっている

日本には地震に絡んだ教訓が多いが、おもに山間部を中心に伝えられてきたのが〝地震のときは竹やぶに逃げろ〟というものだ。

日本の山や山里に自生している竹は、繁殖力が非常に強い。春から夏にかけての時期は、1日で1メートル成長することもあるほどで、現在では建築工事の際に障害になったり、隣の竹やぶが民家の敷地に侵入して床を持ち上げてしまったりということもある。

竹の根っこは地面の比較的浅いところを横に伸びていく。多くの竹が密集して生えている竹やぶでは、隣り合った竹の根っこが絡まり合って、まるで張り巡らされた網目のようになる。

密集して生える竹

この絡まり合った根っこは**地下茎**《ちかけい》と呼ばれ、地表から伸びる竹はこの根っこでひとつにつながっているのである。

網目状に張った根っこが地面を補強していることで、地震の際に起きる地割れなどには強い。実際に起きた大地震の際に、竹やぶに逃げて無事だったという体験を語る人も多い。

しかし、気をつけなければならないのは、**土砂崩れが起きやすい場所でもある**ということだ。

水分を多く含んだ斜面では、竹の根が浅いところを這う性質があだとなって、竹やぶごとすべるように崩れ落ちる土砂災害も起きている。

地震のときに逃げ込むなら竹やぶは良い選択だが、台風や大雨のときには避けなければいけない。

危険が近づいたときは、周囲の状況や地理的条件に合わせた冷静な行動が求められるのである。

言い伝え
3

竹の花が咲くと悪いことが起こる

60～120年に一度のレアな現象

めったにお目にかかれない光景を目にすると、人は幸運が訪れるのではないかと期待したり、不幸が起こるのではと身構えたりするものだ。

後者のひとつに竹の花に関するものがある。

竹はイネ科なので、イネに似た細い房状の花が咲く。そして竹林のあちこちで花をつけたあとに白っぽくなって、**いっせいに枯れる**。しかも、**竹の花が咲くのは60～120年に一度**という長いサイクルなので、生きているうちに一度も見ないという人も珍しくはない。開花して一気に枯れるという不思議な現象を目の当たりにすれば、凶兆かと思うのも不思議ではない。

竹はなぜ花を咲かせると一度に枯れてしまうのかというと、1本1本別の個体に見える竹林の竹が地下茎でつながっているためである。

前項でも書いたように、地下茎は竹林の地中に網目のように張り巡らされている。この茎も竹のように節があって、その節からタケノコが生えてくる。**ひとつの株**だからこそ、花が咲くのも枯れるのも同時期になるのである。

とはいっても、すべての竹が同じ株でつながっているわけではない。遠く離れた竹林の株は別物だ。

竹の花

1960年代には日本のマダケの3分の1が枯れてしまうということが起きているのだが、なぜ全国各地で同じ周期で花が咲くのか、そのメカニズムについてはまだわかっていないことが多い。

2019年にも各地で竹の花が咲いたことが確認されている。その後、新型コロナウイルスのパンデミックが起きたことと合わせて考えれば、もしかすると……と思わず迷信にとらわれそうになるのは仕方がないのかもしれない。

言い伝え
4

夜に口笛を吹くと蛇がくる

蛇にも耳はある

夜に口笛を吹いていて、大人から「蛇がくるからやめなさい」と叱られた経験はないだろうか。

蛇には耳らしきものがない。そんな蛇に、口笛の音は聞こえるのだろうか。

蛇には耳にあたる器官がないが、聴覚は優れている。耳がないといっても、いわゆる外耳《がいじ》にあたるものがないだけで、体の中には**内耳《ないじ》**が備わっている。そして**体全体が外耳や鼓膜の役目を果たしている**のだ。

だから、蛇の体の表面に音の振動が伝わると、骨や筋肉を通って体内の内耳に伝えられる。つまり耳で音を聴くというよりは、体全体で音を感じているのである。

蛇が聞き取れるのは50～1000ヘルツの音

人間はかすかな音がすると、その音の方向に耳を向け、あくまでも耳を通して音を聞く。一方の蛇は、草の動きやほかの動物が移動する小さな音を全身でキャッチする。その聴力は、ほかの動物よりもはるかに優れていると考えられている。

一般的に、蛇が聞き取ることができる音域は50～1000ヘルツであることがわかっている。これはかなり低い音域にあたる。

ちなみに、人間が吹く口笛の音域は平均で500～4000ヘルツである。つまり、**蛇は口笛の音をキャッチできる**のだ。

ただし、高音の口笛は蛇には感知されにくい。どうしても蛇に聞かれたくなければ、高音の口笛を吹けば大丈夫だろう。とはいえ、静まり返った夜中に口笛を吹くと、寝ている人には迷惑だ。

もともと蛇を嫌う人は多い。だから、「蛇《じゃ》」と「邪《じゃ》」をかけて、何か良くないことが起こるという気持ちがこめられていたともいわれる。

ほとんどの蛇は昼行性

また、昔は夜盗などが夜間に活動するときの合図として口笛を吹くことがあったので、夜の口笛はいやがおうにも不安をかきたてる。そこで夜の口笛を戒《いまし》めるために、「蛇がくる」という理由が考え出されたのだろうと推察される。

ちなみに、蛇には昼行性のものと夜行性のものがいる。日本に生息する蛇は36種類といわれており、その多くは昼行性だ。

数少ない夜行性の蛇の一種である毒蛇の**ニホンマムシ**は、日中は草むらなどにひそんでいるが、夜になると行動する。だから、夜に口笛を吹くと、ニホンマムシを呼び寄せることになるかもしれない。

そう考えると、やはり夜に口笛を吹くのはやめておこうと考える人も多いだろう。

言い伝え
5

柿の木から落ちると3年しか生きられない

昔から日本にあった高木

かつて木登りは子供たちにとって、もっともスリリングな遊びのひとつだったが、それを見ていた大人は「柿の木から落ちると3年しか生きられない」と戒《いまし》めたものだ。

柿は日本人にとって身近で、なじみ深い果物のひとつだ。縄文時代や弥生時代の遺跡からも柿の種が発掘されているし、平安時代には宮廷で栽培され、祭礼用の特別な菓子として使われていた。

柿は本来、**高木性**である。日本の風土にも合っているので、成長とともに10～20メートルほどの高さになる。

木理の種類

木理…樹木の樹軸や木材のタテ方向の細胞の並び方

astamuseホームページ「木目柄パターンの作成方法および作成装置」（https://astamuse.com/ja/published/JP/No/1997327968）を参考に作成

近年は高齢者や女性でも柿の実を収穫しやすいように低木も育成されているが、かつては背の高い柿の木が当たり前のようにあった。その高さがおそらく、子供たちの「登りたい」という意欲を刺激したのだろう。

じつは枝はもろく折れやすい

ところが柿の木は、強そうに見えて、じつは**枝が折れやすい**のだ。

枝に弾力性があり、実がなると下に垂れてくるのが柿の木の特徴だが、それがある程度の限界を超えると、強風や積雪などでも簡単に折れるようになる。

さらに、柿の実がなると、その先の部分の枝が細くなるという性質がある。だから、柿の実をとろうとして子供が枝の先に移動したりすると、折れやすくなるのだ。

また、日当たりが悪いと枝が枯れたり、勢いがなくなることもあり、1本の木でも日光が当たりにくい下方の部分は枝が弱くなりがちだ。

じつは柿の木には、**ねじれて成長する**という特徴もある。そのために、らせん状に割れが入りやすく、木材として使いにくいともいわれる。柿の木は、**見た目よりも脆弱《ぜいじゃく》**なのである。

そういった柿の木の特徴を知らない子供が、枝の状態をよく見ないで登り、折れやすい枝に体重をかけてしまって、折れた枝とともに落ちてしまうことも十分にあり得る。おそらく、そういった事故が多かったのだろう。

もっとも、このような詳しい説明をしても、子供たちが大人しく聞くとは限らない。そこで「柿の木から落ちると3年しか生きられない」という言い伝えが生まれたのだと考えられる。

恐ろしい言い伝えではあるが、背景には、柿の木の特徴を熟知した大人たちの、子供を守りたいという思いがこめられているのである。

柿の木

言い伝え
6

「ちちんぷいぷい」と言って痛いところをさすれば痛みは消える

さすることで神経が再生する

体の一部を強く打ちつけて泣いていると、親や幼稚園の先生が「ちちんぷいぷい、いたいのいたいのとんでいけ！」と言いながら打ったところをなでさすってくれて、痛みをどこかに飛ばしてくれる——。

「そんなことで治るわけがない」と思いつつも、何となく痛みが引いていくような気がする。そんな経験をしたことはないだろうか。

じつは、痛い部分を手のひらでなでてさすると痛みが和らぐというのは、ただの気のせいではない。

TRPV2センサーの働きのイメージ

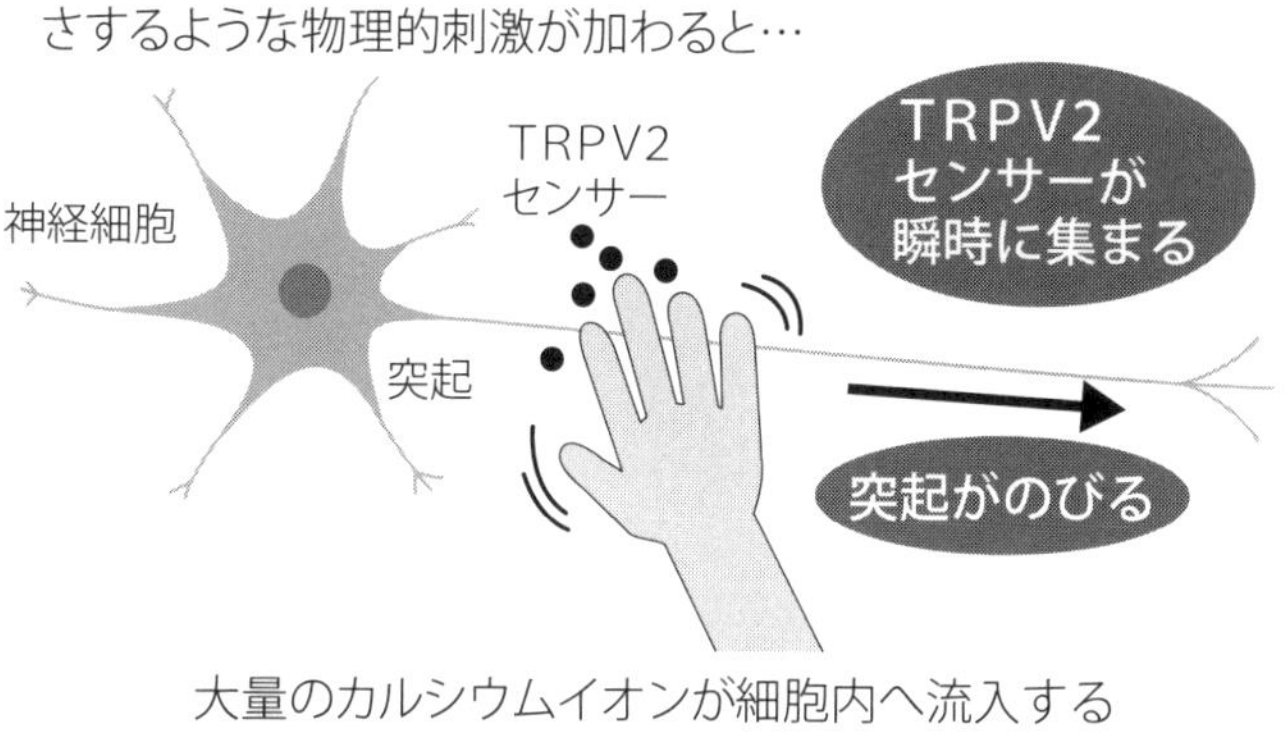
さするような物理的刺激が加わると…
神経細胞
TRPV2
センサー
TRPV2
センサーが
瞬時に集まる
突起
突起がのびる
大量のカルシウムイオンが細胞内へ流入する

群馬大学大学院医学系研究科「『さする』となぜ神経の突起が伸びるのかという分子機構—細胞伸展の感知センサー動作原理を発見—」(https://www.gunma-u.ac.jp/wp-content/uploads/2017/01/H290111-press1.pdf)をもとに作成

２０１７年に群馬大学大学院医学系研究科が、この言い伝えの裏づけとなるような研究成果を発表しているのだ。

それによると、神経細胞にある**「TRPV2」**というタンパク質の働きが、打ちつけた部分の再生に関係しているのだという。

このタンパク質は熱を感じるセンサーの役割をしていて、痛みのある部分を手でさするような刺激を与えると、その刺激を感知して集まってきて活性化する。そして細胞に大量のカルシウムイオンを取り込ませ、神経の突起が伸びて損傷した神経の再生をうながすことが実験でわかった。

人は、痛い部分を手のひらで押さえたりさすったりするが、これには神経を再生させようとする無意識の意味合いがこめられている可能性があると考えられているのだ。

春日局

春日局から生まれた言葉

ちなみに、おまじないのような「ちちんぷいぷい」という言葉は、昔はもっと長く、「ちちんぷいぷい　ごよのおんたから」と唱えたという。

もとになっているものは、徳川家光が幼少時に、乳母であり教育係でもあった**春日局**《かすがのつぼね》からかけられた言葉だ。

まだ竹千代と呼ばれていた頃の家光は、病弱で泣き虫だっため、春日局は彼に「知仁武勇《ちじんぶゆう》は御代の御宝」と言って聞かせた。知仁武勇の「知」は知性、「仁」はやさしさ、「武」は武力、「勇」は勇ましさのことで、これらを持ち合わせている竹千代は徳川家の宝なのだから、どうか泣かないでおくれとあやしていたという。

それがいつのまにか庶民の間に音が詰まって広まり、「ちちんぷいぷい」になったのだという。

そしてそこに、いつしか痛みを飛ばすための「さする」という行為が加えられた。

「ちちんぷいぷい」は、癒《い》やしとやさしさがセットになった、本当に効くおまじないだったのだ。

言い伝え
7

ひな人形をいつまでもしまわないと婚期が遅れる

「片づける」と「片づく」をかける

3月3日の桃の節句にはひな人形を飾るが、その節句が過ぎても片づけないでいつまでも飾っておくと、娘が嫁に行き遅れるという言い伝えがある。

これは、いつまでもひな人形を出しっぱなしにしておくようなだらしなさを戒《いまし》めた言葉であり、親から娘へのしつけの意味がこめられているといわれる。

親にとって、娘を嫁がせることは大切な義務であり、いつまでも娘が結婚できないのは不名誉なことだとされた時代には、「早く嫁に行ってほしい」という気持ちをひな人形に託したのだろう。「片づく」という言葉には、「嫁に行く」という意味もあるが、親としては娘が無事に片づいてほしいのである。

カビが生えやすいので保存には要注意

しかし、ここにはもうひとつ現実的な問題がひそんでいる。気候との関係だ。

ひな人形は、細かい細工がほどこされた精巧な作り物である。その多くは絹や織物、そして石膏《せっこう》や胡粉《ごふん》などの顔料で作られている。また、人形の持ち物の多くは木製である。

そんなひな人形にとって大敵なのが、**湿気**だ。

水分を付着させたままで人形をしまうと、カビの原因になるなどして傷めることにもなる。

1年後に取り出したときにカビが生えていたということにならないように、空気が乾燥した昼間の明るいうちにしまわなければならないのだ。

カビが生える条件は、20～35度の温度と80％以上の湿度である。ひな祭りのあとに油断して

ひな人形には木製の付属品も多い。

いれば、すぐにそんな気候になってしまう。そのことに注意を促すために、「婚期が遅れる」という言い伝えが生まれたのである。

日本の3月といえば、1年のうちでもっとも気候のいいときである。気温が20度以上になることはあまりない。最低気温も12度くらいで安定している。また湿度も低く、あまり変化がない。

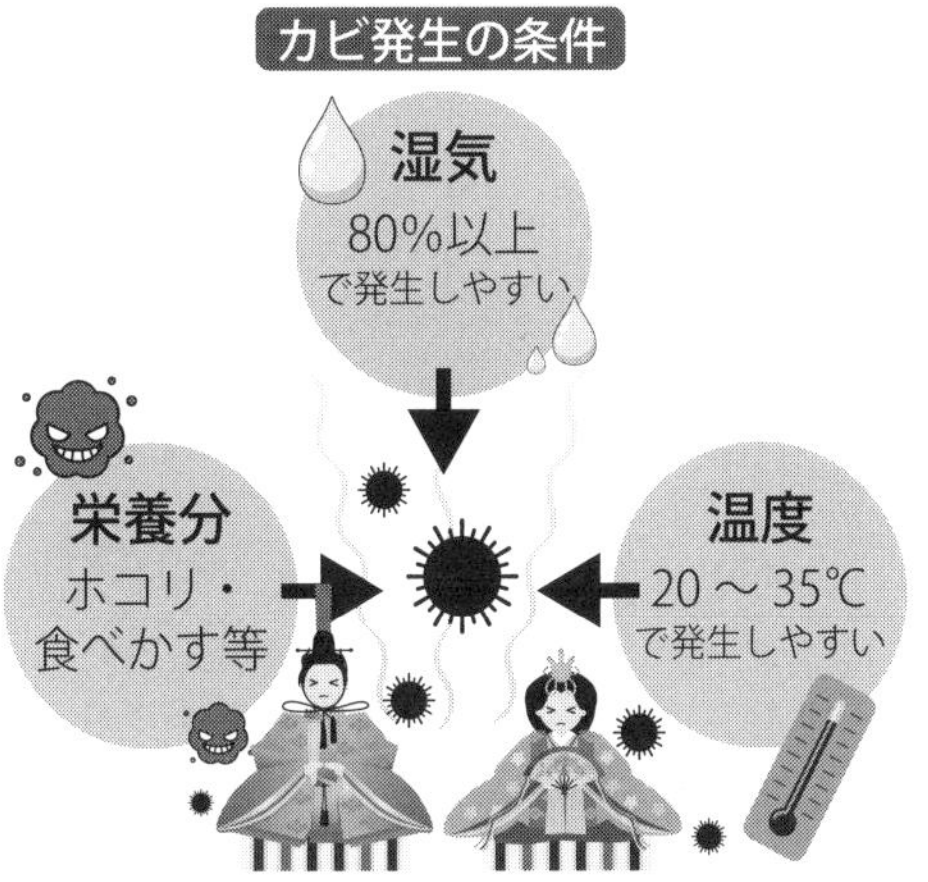

乾燥しがちなので火災に気をつけるべき時期だが、これはひな人形にとっては理想的な気候だ。

一度太陽光に当てて、湿気を飛ばしてから片づけるのが理想だが、そのためにも3月の穏やかな天候は申し分ないのである。

これらの理由があって、ひな人形は早めに片づけたほうがいいのだ。

なお、しまう場所にも気をつけたい。

湿気は低いところにたまりがちである。だから高い場所、しかも風通しのいい場所に保管するのがいい。さらに、寒暖差が大きい場所だと木製部分にゆがみが出たり、ヒビが入る原因になるので気をつけたい。

言い伝え
8

手が冷たい人は心があたたかい

神経性の汗が体温を変える

「手が冷たい人は心があたたかい」という言い伝えがある。

一般的に考えれば、性格によって手のひらの温度が変わることなどないように思えるが、科学的に考えると一定の根拠が見えてくる。

手のひらが冷たくなる原因のひとつに、**汗をかく**ことが挙げられる。人間が汗をかく原因は大きく分けると3つある。暑いときなどにかく体温調整のための温熱性発汗、辛いものなどを食べたときにかく味覚性発汗、そしてストレスや緊張などが原因の精神性発汗だ。

手のひらにかく汗は温熱性発汗と精神性発汗にあたるが、暑くも寒くもないのに手に汗をか

精神性発汗の特徴
- ●ストレス・緊張・自律神経の乱れが原因
- ●手のひら・足の裏など局所的

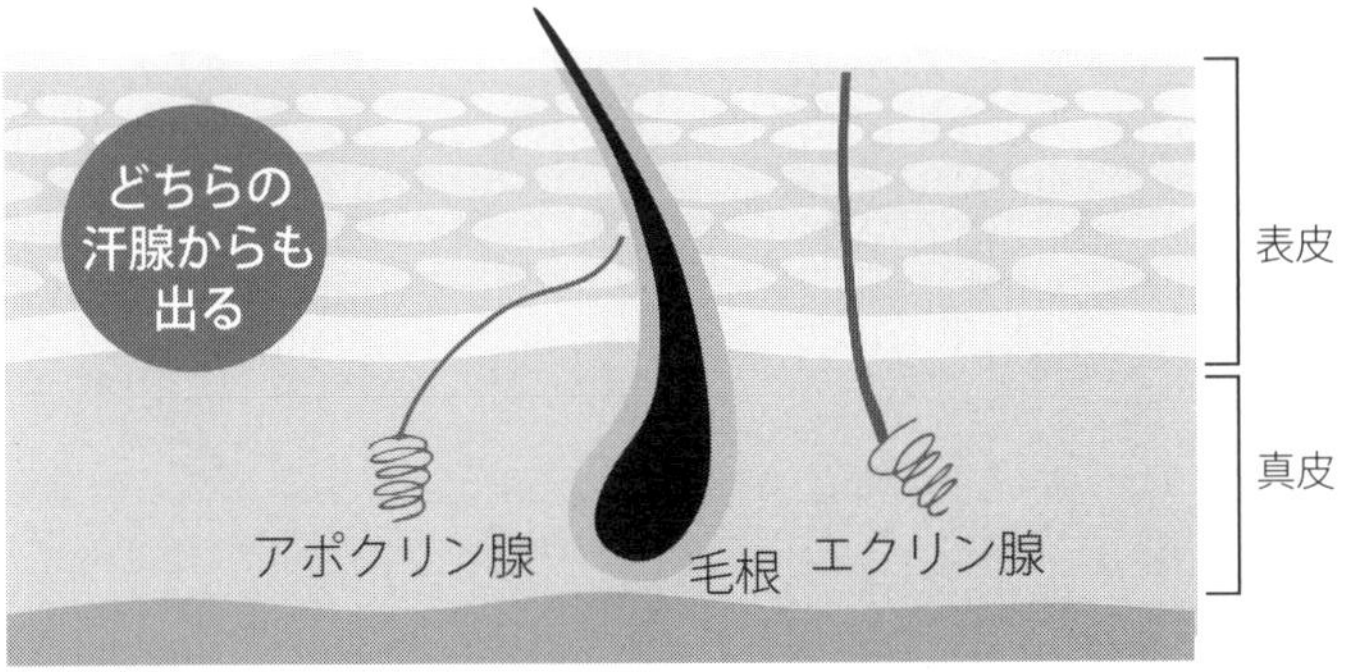

くならば、それは**精神性発汗**の可能性が高い。

人間はストレスを感じると交感神経が刺激されて発汗する。すると皮膚表面の温度が下がるため、手のひらは冷たく感じる。

つまり、常に手のひらが冷たい人は、**ストレスや緊張を感じやすい人**と言い換えることができるのだ。

これを「心があたたかい」とまでは言えないかもしれないが、感受性が強い、人間味がある人だと言うことはできそうだ。

では逆に、手があたたかい人は心が冷たいのかというと、ストレスや緊張状態にも耐性がある、比較的冷静なタイプが多いと考えられる。

手のひらの温度を左右するのは汗だけではないのであくまでも参考ではあるが、人間の身体機能や心の動きを表すのも事実なのだ。

言い伝え
9

火遊びをするとおねしょをする

昼間の刺激が夜にも影響する

子供に向かって大人が「火遊びをするとおねしょするよ」と叱るという光景は、日本全国で見られる。火遊びが禁止するための方便かというと、意外にも科学的な根拠がある。

尿は膀胱《ぼうこう》にたまり、一定量を超えると脳にその情報が伝わる。大人になって排尿システムが完成すれば、脳が排尿を指示しても、意図的に尿道括約筋《かつやくきん》を締めることで尿を膀胱にためておけるようになり、不随意に排尿してしまうことはなくなる。

多くの子供は、学童期頃までにコントロールできるようになるため、年齢とともに失禁の心配はなくなっていくものだ。

一方で、**精神的な刺激**が夜間の失禁、つまりおねしょの引き金になる場合がある。

膀胱の動きは交感神経と副交感神経という**自律神経**によってコントロールされており、睡眠中はより多くの尿をためておけるしくみになっている。ところが、日中の刺激によって交感神経が高ぶったままでいると、それがうまくいかなくなる。

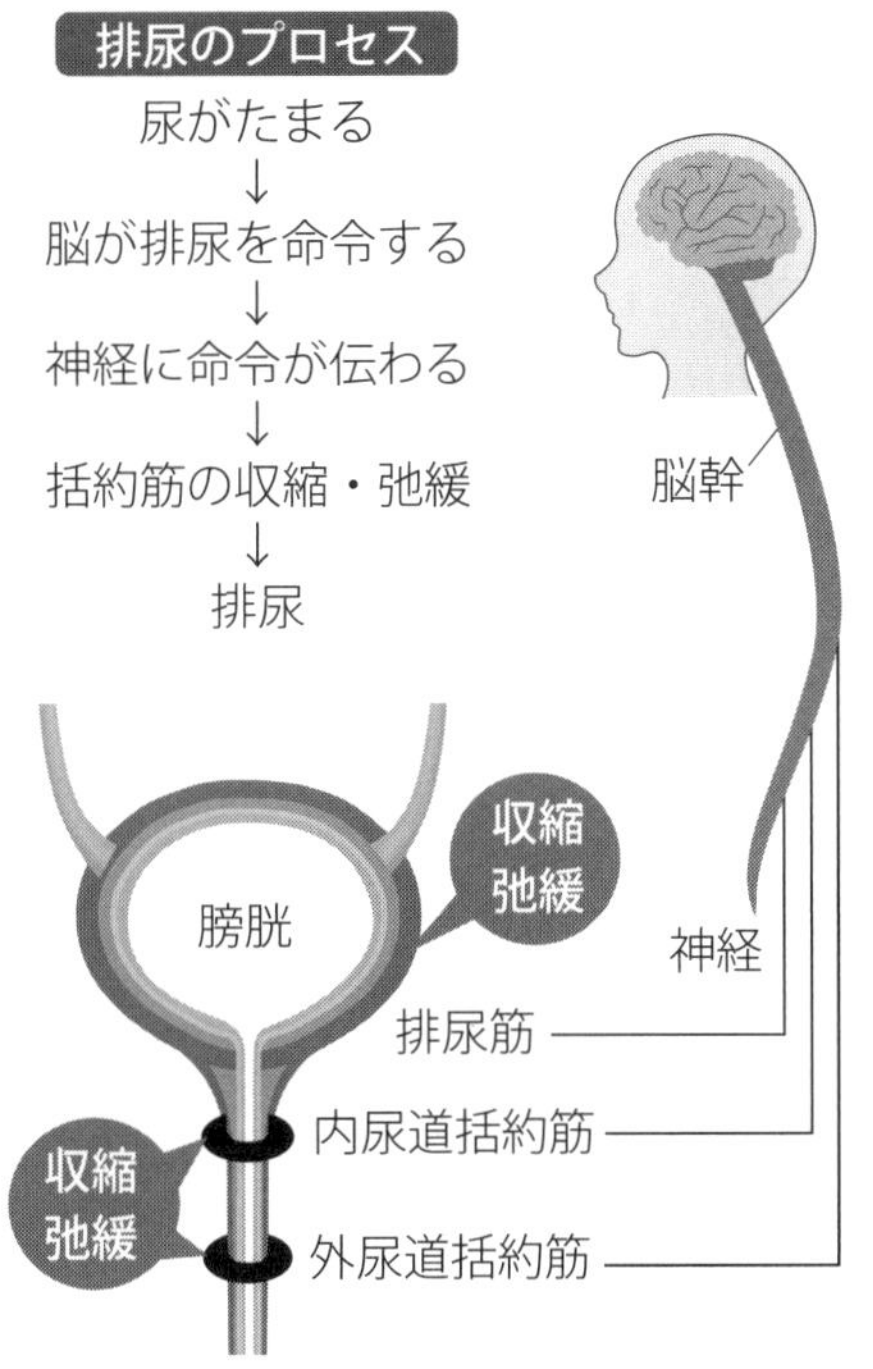

大人でも気分が高揚した状態や過度のストレスがかかることで自律神経が乱れ、おねしょをしてしまうことがある。

子供にとって火遊びはきわめて危険であり、その行為自体が強烈な刺激となる。興奮によって交感神経の働きがうまくいかず、排尿のコントロールができなくなり、その結果、おねしょをしてしまうことになるのだ。

言い伝え
10

朝や出かける前に縫い物をしてはいけない

集中を要する作業には向いていない

「朝や出かける前に縫い物をしてはいけない」という言い伝えには、繕い物などはふだんから気をつけておかなければいけないし、準備は前日のうちにしておきなさいという二重の意味がこめられている。

最終的に帳尻が合えば準備はいつしても同じという人もいるかもしれないが、そのような考えは、脳科学の観点からみれば理にかなった行為とは言いがたい。出がけに集中力を必要とする作業をするのは**失敗する可能性が高い**のだ。

人間の脳は本来、集中しづらいようにできている。集中しすぎて周りの情報をシャットアウトしてしまったら、生命の危険が近づいてきたときに気づかず、命を落としてしまうおそれがある。動物の生存本能としては当然のことといえる。

また、緊張したり焦ったりすると、集中力のコントロールに影響する大脳辺縁系にある**「帯《たい》状《じょう》回《かい》」という部位が過敏になってしまう。**

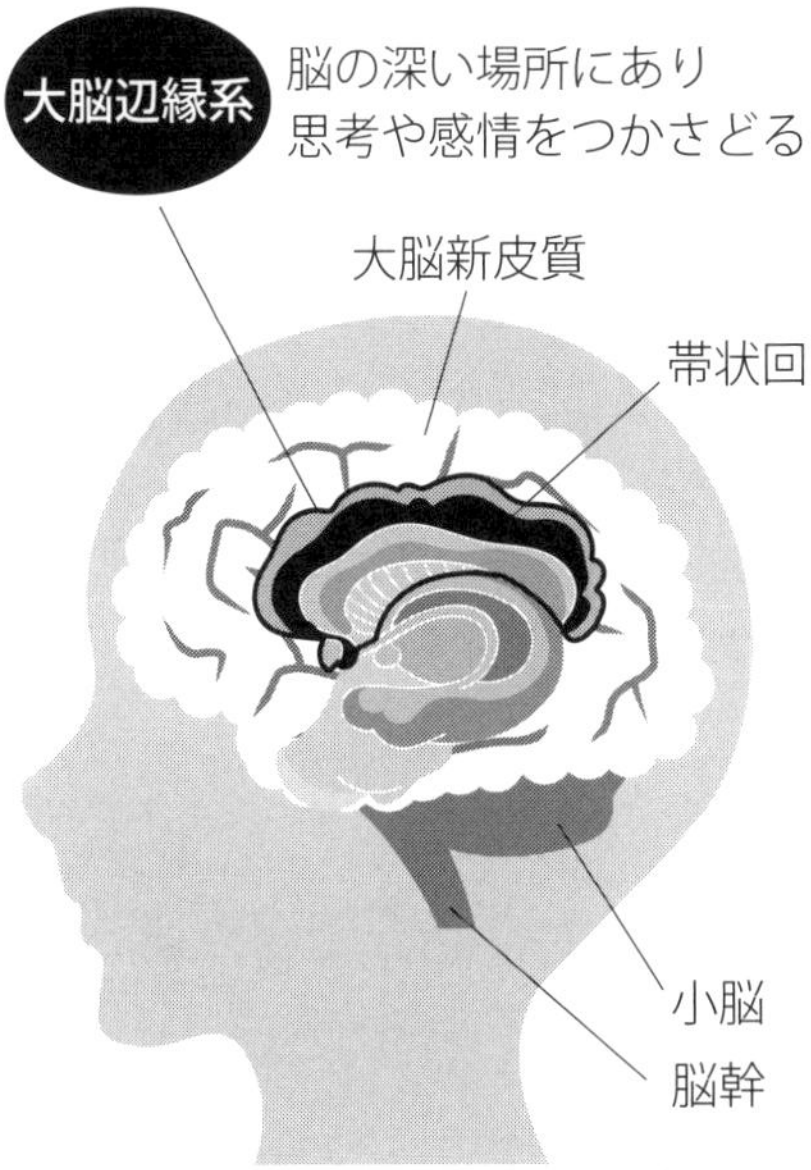

帯状回は人間の脳を集中させすぎないようにする働きがあり、過敏になればさらに注意散漫になるのだ

脳の機能を考えれば、出かける間際のような時間に追われて焦っているときに、集中力を要する縫い物をするのは得策でないことがわかる。

集中力を必要とする作業には、適度な刺激とリラックスが重要だ。理想的な環境を整えるためにも、縫い物は前日までに終わらせておくべきなのである。

言い伝え
11

妊婦が火事を見物すると赤あざのある子供が産まれる

妊婦の見るものが子に影響する？

かつては、「妊婦が火事を見物すると、赤いあざのある子供が産まれてくる」と言われていた。もちろん、科学的に考えれば、そんなことは起こらない。しかし、妊婦の行動が赤ん坊に何らかの悪影響を及ぼすという言い伝えはほかにもある。

「妊婦が葬式を見ると、黒いあざのある赤ん坊が産まれる」「妊婦が転ぶと赤ん坊にあざができる」「妊婦に心配ごとが多いと産まれてくる赤ん坊に黒子《ほくろ》が多い」などである。

これらは、一見すると妊婦の行動を恐怖によって制限する言い伝えのようにも見える。しかしじつはその逆で、妊婦を大切にしようとする周囲の気づかいから生まれたと考えられるのだ。

出産は命がけの大仕事

先史時代には、ひとりの女性が4人から5人の女性を出産したと考えられているが、当時の人口は約26万人と推定される。つまり、たとえ産まれても、無事に成長する子供は今よりはるかに少なかったのである。子供だけでなく、妊婦も出産によって命を落とす確率が高かった。女性の寿命は平均して20代だったと考えられている。

また、古代から江戸時代に至るまで、妊婦は部屋に隔離され、天井から下げられた「産綱《うみづな》」とよばれる縄をつかんで出産することが多かった。しかも、出産後も頭に血が上らないように立ったままの姿勢を保たなければならず、7日間は眠ることができなかったという。今も昔も出産は女性にとって**命がけの大仕事**だが、昔は現在よりもはるかに大変だったのである。

そんな時代に、もし妊婦が火事を間近で見たりすれば、興奮して体に障《さわ》るおそれがある。も

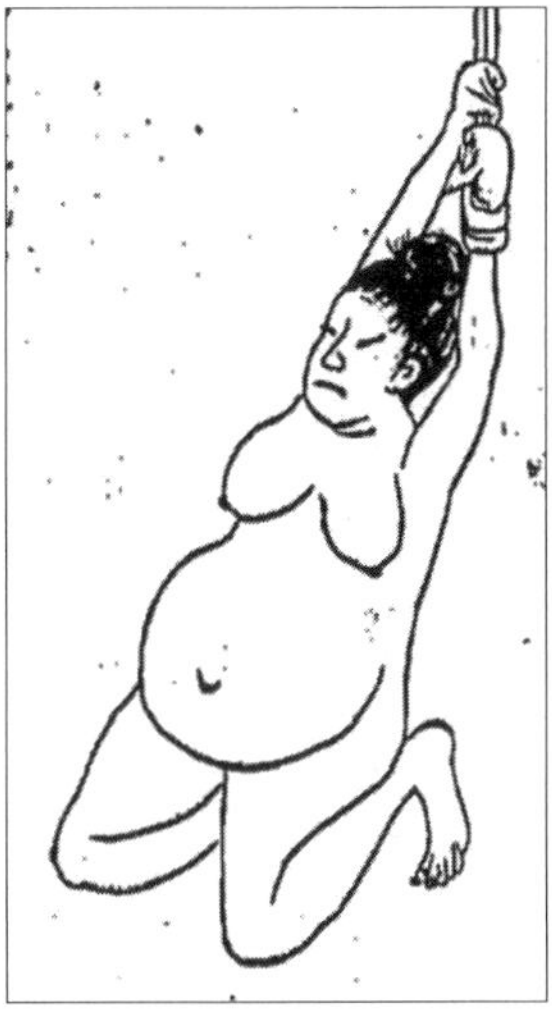

『日本風俗図絵』(1895年刊)に描かれた出産の様子

しそれが自分の家や知り合いの家の火災であれば、急性ストレス反応などの精神的な負担がかかり、身重の体には大きなダメージになる。

こうしたダメージは、胎児へも悪影響を与えることがある。

母子にとってストレスになるような事態からは遠ざけておきたいという願いから、「火事を見ると赤いあざのある子供が産まれる」という話が生まれたのである。

現代では、**妊婦が受けるストレス**は詳しく解明されている。

妊娠の初期には、自分が妊娠したこと自体が大きなストレスになり、少しずつお腹が大きくなって行動などが制限されると、それが理由で新たなストレスが生まれる。そして出産が近づくと、子供を産むことへの不安が大きくなり、また新たなストレスになる。

ストレスによって母体の筋肉には硬直が起こり、血流が悪くなることで、胎児に栄養が届きにくくなることがある。

また、ホルモンにも影響を及ぼして、最悪の場合には流産・早産のリスクにつながることもある。さらに、母親が力んでしまうと、子宮が狭くなることも知られている。

医学的な知識の広がりや周囲の人々の理解などにより、近年ではこれらの妊婦のストレスは軽減されている部分もあるが、それでも妊婦の負担は大きい。火事のような大きな心理的負担となるものには近づけないということが、それだけ重要だったのである。

3章　健康にまつわる迷信の検証

健康にまつわる
迷信 1

風邪は他人にうつすと治る

潜伏期間と回復のタイミング

風邪をひくと、くしゃみや鼻水、頭痛、倦怠感や発熱などの症状に見舞われ、悪化すれば命にかかわることもある。

一般的に風邪と呼ばれている病気は、正式名称を「風邪症候群」という。その症状を引き起こすのは、ライノウイルス、コロナウイルス、RSウイルスをはじめとしたウイルスや一部の細菌だ。これらが主に上気道に感染してさまざまな症状を引き起こすもので、原因となるウイルスや菌が多いために、季節にかかわらず1年を通じて感染する。

もっとも身近な病気のひとつなのでいろいろな伝承があるが、まことしやかに言われるのが

風邪の潜伏期と感染力

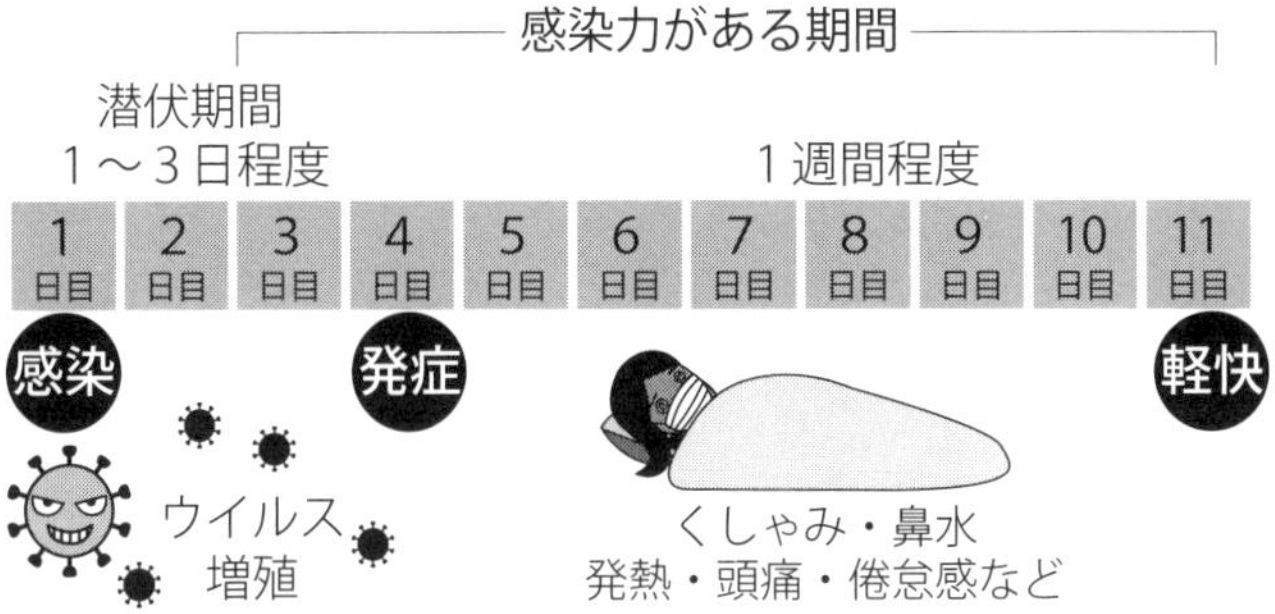

「風邪はうつすと治る」というものだ。

しかし、これは正しくない。

一般的に**風邪の潜伏期間は3〜5日程度**で、症状がピークになってから回復するまでも同じくらいの日数がかかる。

仮に、風邪の症状がピークの際に誰かと会っていて、その相手が感染したとする。風邪が一般的なプロセスをたどると、自分が回復したころに相手の症状が出始める計算になるが、これが「うつしたら治った」ように見える理由なのだ。

風邪の原因となるウイルスのほとんどには特効薬が存在しないために、解熱、去痰《きょたん》、鎮痛という対症療法をしつつ安静にするのが一番の治療法となるし、多くの場合は時間がたてば自然治癒する。

誰かにうつしても治らないどころか、公衆衛生の面から見てもデメリットしかないのである。

健康にまつわる迷信2

暗いところで本を読むと目が悪くなる

軸性近視では眼球が伸びる

「暗いところで本を読むと目が悪くなる」というのは、迷信や言い伝えというよりも、もはや誰もが自覚している常識といっていい。見えにくいからと顔を近づければ目は疲れるし、目をこらして文字を読めばなおさら視力が下がる。

目が悪くなる原因には大きく分けて2つある。

ひとつは近くを見すぎたことでふくらんだ凸レンズ型の水晶体が一時的に元に戻らなくなっている**屈折性近視**《くっせつせいきんし》だ。これは、遠くを見るなどして目の回りの緊張を解くことで視力を回復させることができる。

近視の目の状態

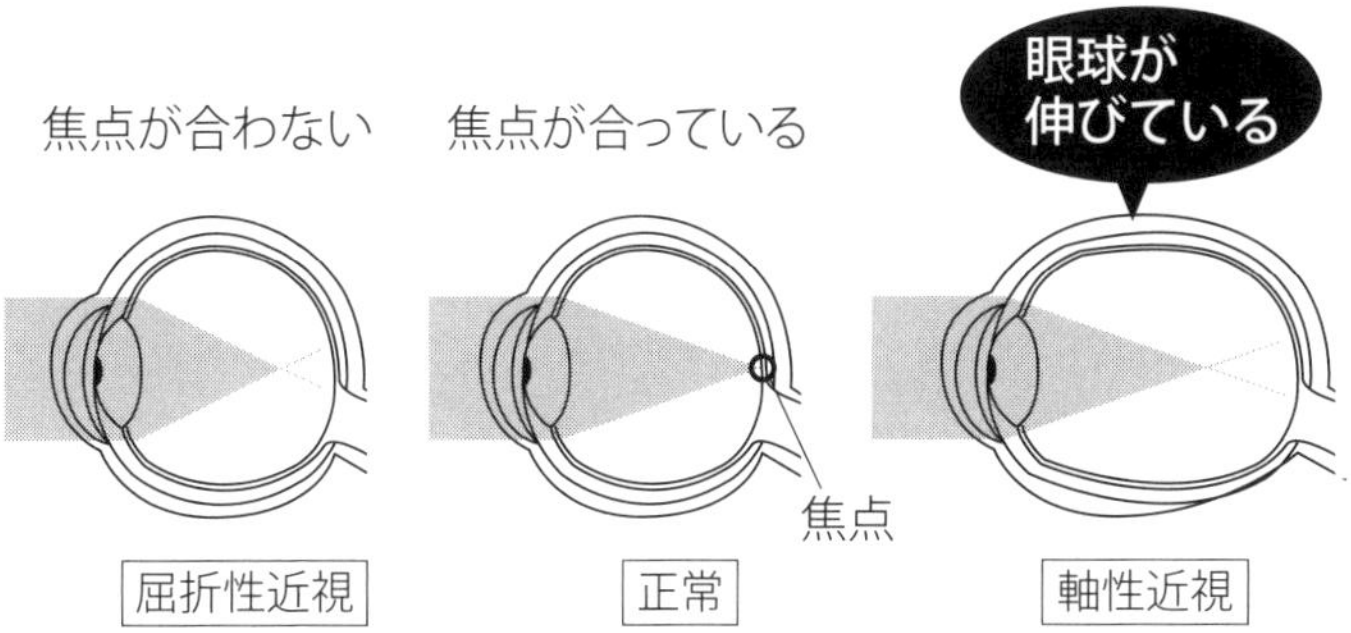

もうひとつは**軸性《じくせい》近視**といって、眼球の奥行が伸びて焦点が合わせられなくなることで起こる。

人間は生まれたときは遠視で、近くのものをはっきりと見ることができないのだが、成長とともに眼球が伸びていくことで近くにもピントが合うようになっていく。

しかし、必要以上に眼球の奥行が長くなり、近視になってしまう。一度楕円形に伸びた眼球はもとのように丸く戻すことはできないため、軸性近視になると視力の回復は望めない。

現在の日本では子供の近視が大きな問題になっていて、小学生の３人に１人の視力が１・０未満だという。

また、京都市にある小学校で、新型コロナによる一斉休校が明けた２０２０年以降に行われた視力検査では、児童の23％の視力が０・７未満となっていて、前年度よりも６ポイントも増加していたのだ。

自粛期間中に、子供たちがスマホやゲームに夢中になっていたことと無関係ではないだろう。また、長い時間家の中に

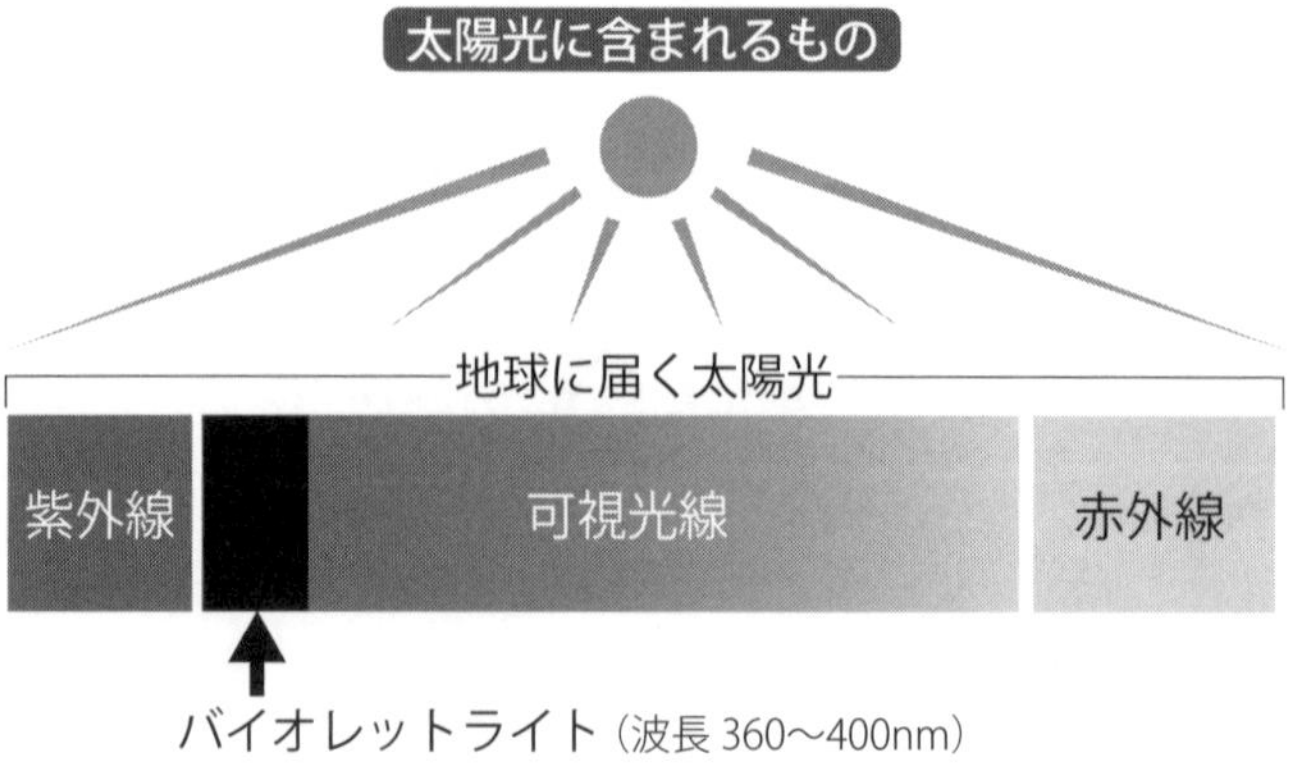

閉じこもっていたこともひとつの原因だと考えられる。

太陽光に含まれる
バイオレットライトがカギ

というのも、最近の研究で視力の低下と太陽光不足がわかってきたからだ。

慶応大学医学部の眼窩《がんか》学教室研究チームによると、目には近視を抑制する遺伝子があって、これを活性化させると視力の低下を抑えられるのだという。

そのカギとなるのが、太陽光に含まれる**「バイオレットライト」**だ。

昔から、屋外で過ごす時間が長い人ほど視力が良いということはわかっていたのだが、その原因は突き止められていなかった。

この長年の疑問を解明したのがバイオレットライトで、

近視リスクと近業作業・屋外時間活動の時間

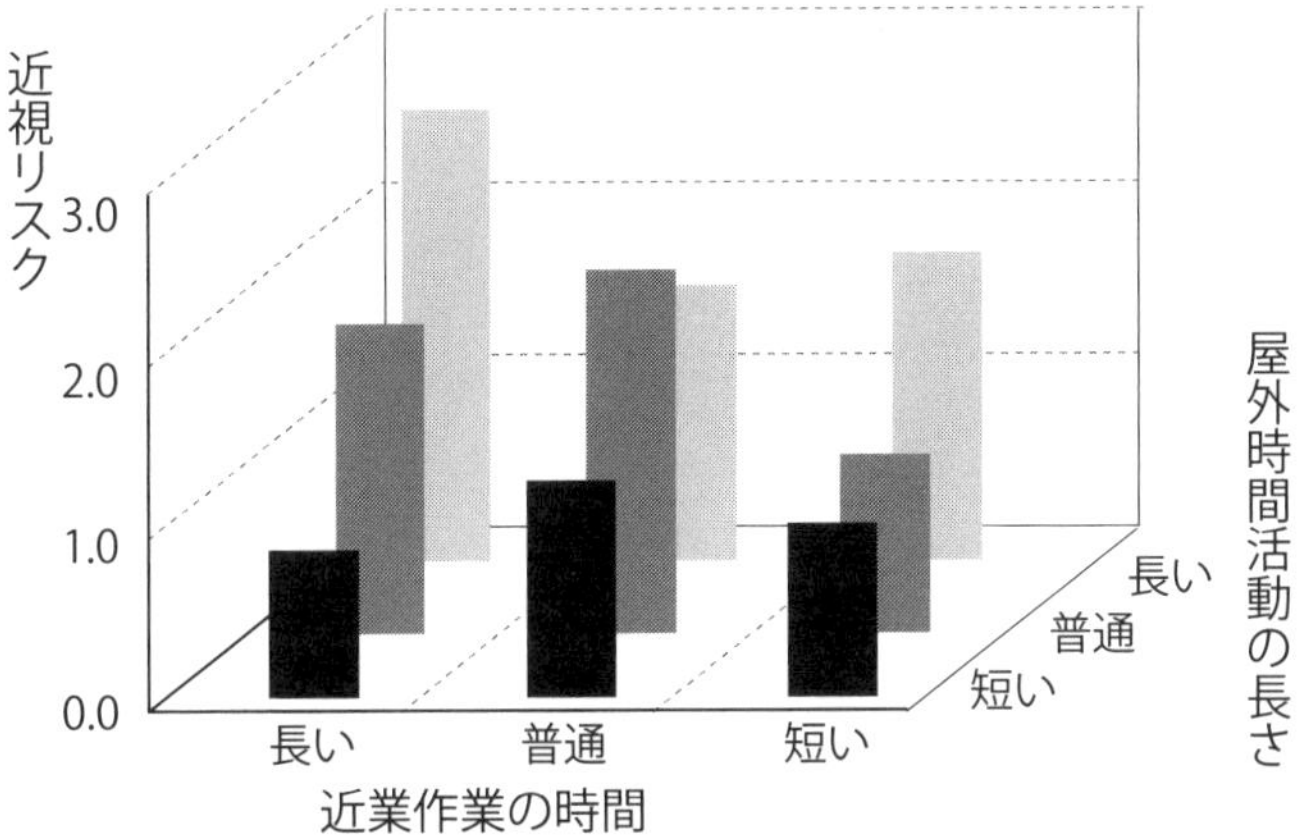

（nvest Ophthalmol Vis Sci. 2007 Aug;48（8）:3524-32 をもとに作成）

この光をたくさん浴びることで「ＥＧＲ１」という遺伝子が働き、ピントを調節している眼軸長が伸びるのを防ぐと考えられているのだ。

バイオレットライトは、ＵＶカット効果のあるレンズや窓ガラスでカットされてしまうので、たくさん浴びるためには２時間以上屋外に出ることが推奨されている。

とはいえ、太陽光には目に有害な紫外線も含まれている。そこで、最近では紫外線をカットしながらバイオレットライトを透過するメガネレンズも登場している。

目の疲れとバイオレットライト不足のダブルパンチにならないよう、晴れた日には外に出て眼を休ませるとよいだろう。

健康にまつわる迷信3

へそのごまを取るとお腹が痛くなる

内臓に影響するおそれがある

おへそのごまをとったらお腹が痛くなるよ――。

子供に向かってそんなふうに言って注意を促す親は今でもいるはずだ。いかにも先人の知恵といった雰囲気だが、これは単なる俗説ではなく、医学的にも根拠がある。

へそのごまと呼ばれるものの正体は、いわゆる**垢**《あか》だ。

へそはくぼんでいるうえに、皮膚が複雑に入り組んでいるので、ふつうに体を洗っただけでは内部にある汚れを取り切ることはむずかしい。落とせなかった皮脂汚れや、細かな繊維くずなどのホコリが一緒になって積年の汚れとなっているものなのだ。

新陳代謝の激しい赤ん坊のおへそを見ると、垢が思ったよりもたまっていることに気づく。オイルをしみこませたガーゼなどでふき取るといったようなケアをする場合もあるようだが、たとえ掃除のためであっても、へそを刺激することはおすすめできない。

へその内側にある腹膜は、胃や腸、肝臓などの臓器を包んでいる組織で、もしへその皮膚が傷ついて細菌感染などを起こしてしまうと、それが腹膜に広がって大事に至ってしまう危険性がある。

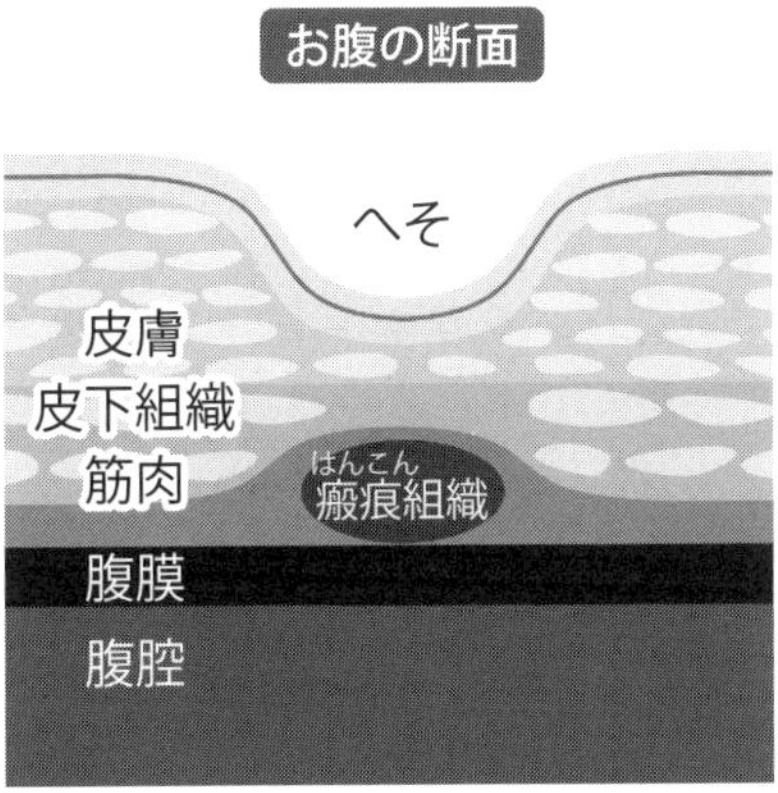

へそにたまった垢には細菌も多く存在しており、へその皮膚が傷つけば感染する危険も高くなってしまうのだ。

腹部の内側は、腹壁や脂肪、腹筋や腹膜で何重にも守られているのだが、へその部分だけは脂肪や筋肉がない。つまり、ガードが薄いため、ダイレクトに内臓に影響してしまうリスクがある。

そのままにしておいても問題はないので、大人も子供でも基本的には放っておいてもいいだろう。

健康にまつわる迷信 4

腹を出して寝ると雷様がへそを取りにくる

雷が鳴ると気温が下がる

雷の音が聞こえると、今でもとっさにお腹を隠したり、お腹に手をあてたりする人はいないだろうか。そういう人は子供の頃、大人に「雷が鳴ると雷様がへそを取りに来る」と口すっぱく言われたのだろう。

大人がこのような荒唐無稽な言い回しで子供にお腹を隠すよう刷り込んだのにはわけがある。それを理解するには、雷にまつわる知識を簡単におさらいしなくてはならない。

雷を発生させる積乱雲は、強い上昇気流が発生することでつくられる。

上空に冷たい空気があり、地上には温められた空気の層がある、いわゆる「大気の状態が不

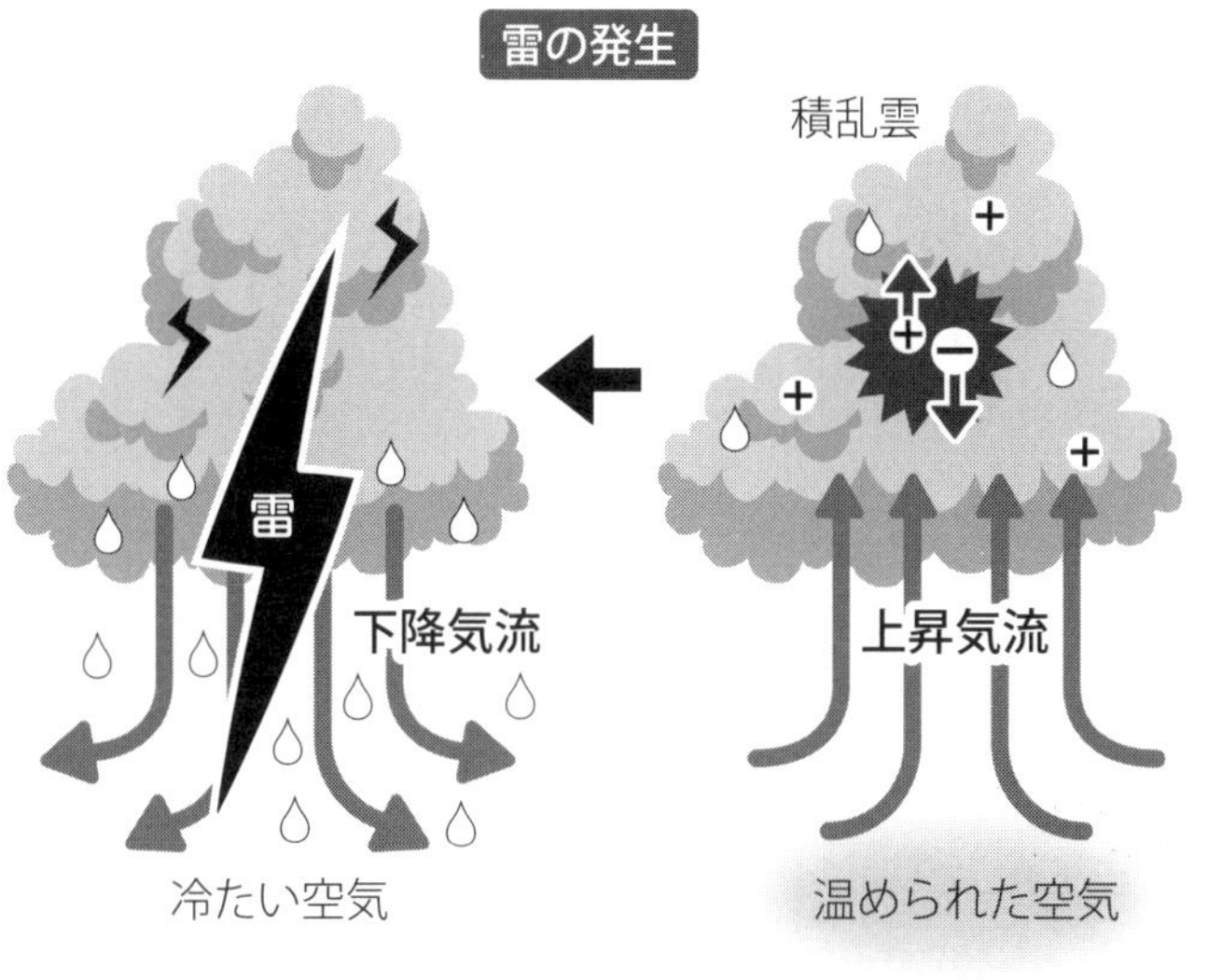

安定」と形容される場合につくられるものだが、このとき、高い空に上っていく氷の粒と、地面に向かって下りていく氷の粒がぶつかり合うことで静電気が発生する。

そうすると積乱雲の中に電気がどんどんたまっていき、ためきれなくなった電気が地面に向かって放出される。これが雷の正体である。

注目したいのは、このとき雨が降ると周囲から熱が奪われ、**冷たい空気が発生する**ことだ。この下降気流がもたらされることで、地上では空気が急激にひんやりするのである。

雷が鳴るような気象条件のときは、空気が冷やされて気温が急降下する。子供たちがお腹を出していたら、冷えて風邪をひくかもしれない。そうはさせじという親心が生んだのが、この迷信というわけなのである。

健康にまつわる迷信5

熱いものやこげたものを食べるとがんになる

DNAの複製が正確に行われなくなる

温かい料理は温かいうちに、冷たい料理は冷たいうちに食べるのがおいしい。だから、出された料理をすぐに食べるのはマナーのひとつだ。

しかし、ぐつぐつと煮えたぎっているような料理だけは、少し待って冷ましてから食べたほうがいい。口に入れた瞬間に舌がやけどするほどの料理を食べるのは、口腔がんや食道がんの原因になる。

熱い食べ物を口にすると舌がピリピリしたり、上あごの皮がめくれるのは、やけどによる炎症だ。そんな高温の食べ物を無理に喉に流し込めば、食道の粘膜にも炎症が起こる。

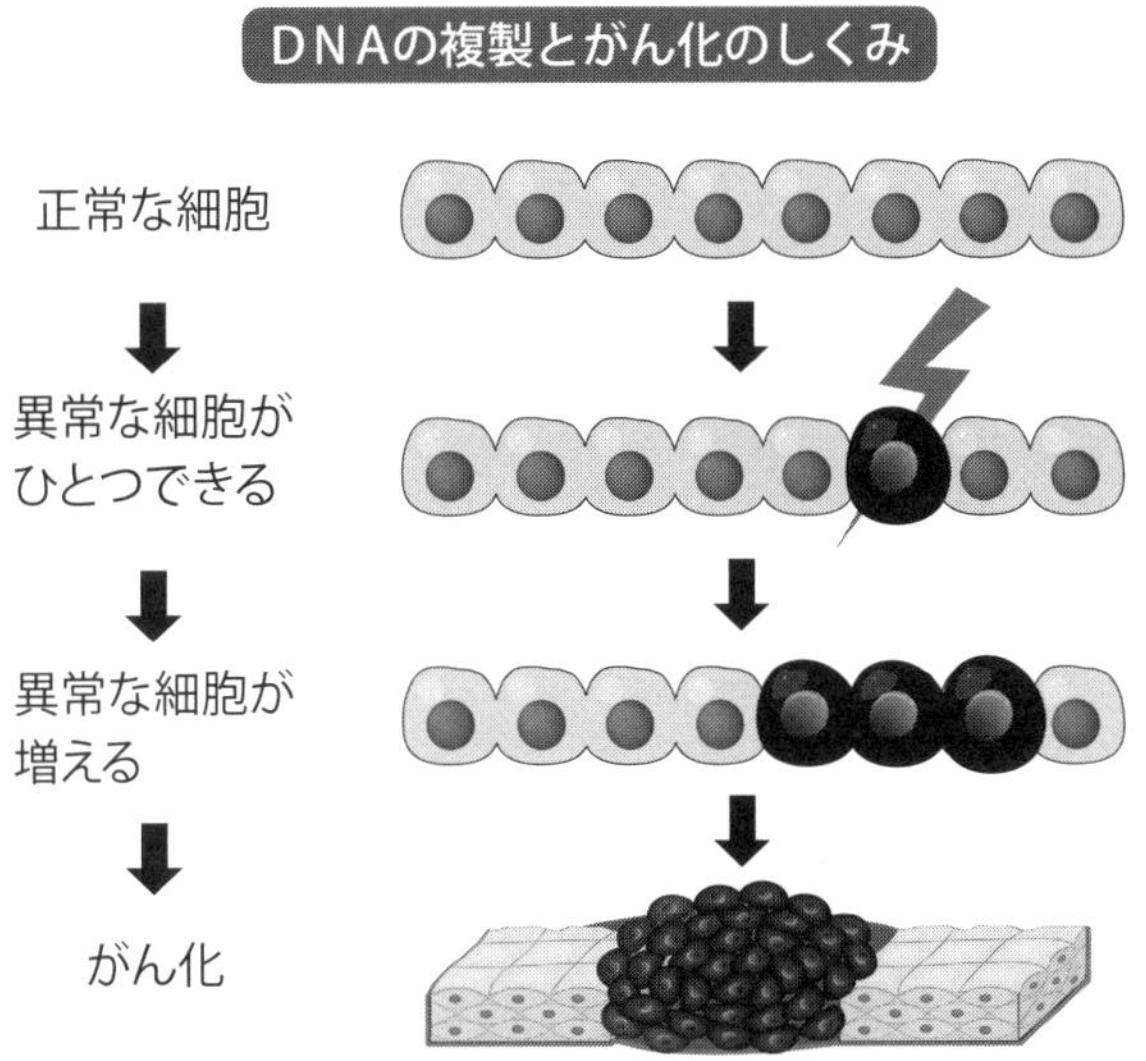

熱いものが好きな人のなかには、口の中のやけどなんていつものことなどと平気な顔をしている人もいるが、この習慣はリスクが高い。

炎症が起きた状態が繰り返されると、**DNAの複製が正確に行われなくなり、**やがて細胞ががん化してしまうのだ。

60度以上の熱いお茶もたくさん飲むと危険

熱いものを熱いまま食べたり飲んだりすると、食道がんのリスクがほぼ確実に高まるというのはさまざまなデータが示している。

たとえば、紅茶を好んで飲む人が多いイランのゴレスタン州で、テヘラン医科大学の消化器系疾患研究センターの研究チームが住民を対象に行った調査がある。

その調査によると、この地域の成人の住民は1日平均1リットルの紅茶を飲んでおり、温度が60度未満のぬるめを好む人が全体の39・0％、60〜64度が38・9％、65度以上が22・0％で、そのうちの5・4％は70度以上のほぼ淹《い》れたての熱い紅茶を好んで飲んでいた。

そして、約10年にわたって40〜75歳の成人5万人を追跡調査した結果、カップに注いですぐのあつあつの紅茶を飲む人は、注いでから4分以上待って飲む人よりも8倍も食道がんになるリスクが高いということが認められたというのだ。

また、南米のウルグアイやブラジル南部は以前から食道がんの多い地域として知られているが、これらの地域では熱いマテ茶を飲む習慣が原因と考えられている。

こげた食べ物も要注意

「こげを食べるとがんになる」というのも昔から巷《ちまた》で言われてきたが、こちらはどうなのだろうか。

少なくとも、こげた魚や肉、小麦粉を使った食品などはできるだけ避けたほうがよさそうだ。

というのも、アミノ酸やタンパク質が多く含まれている肉や魚を高温調理すると、ヘテロサ

こげた魚には発がん性物質が含まれる。

イクリックアミンという物質ができる。これを体内に取り込むと**がんを発生させる可能性がある**と科学的に認められているのだ。

また、高温で揚げたジャガイモや小麦粉を使ったクッキーなどの焼き菓子にも、アクリルアミドという**発がん性物質**が含まれている。

こちらはこげ目というよりも焼き目というくらいのレベルではあるが、それでもタンパク質の中のアミノ酸と糖が高温にさらされると体に良くない物質に変化してしまうのだという。

飲み物の中では、豆や茶葉を高温で焙煎《ばいせん》するコーヒーやほうじ茶、麦茶にアクリルアミドが含まれていることがわかっている。

焼き肉やバーベキュー、そしてコーヒー、麦茶など、どの世代にも人気がある料理や飲み物ばかりだが、焼き加減ととりすぎには要注意なのである。

健康にまつわる迷信6

食べてすぐ横になると牛になる

牛は食べた後すぐ横になる

「食べてすぐ横になると牛になる」という迷信は、行儀の悪さを戒《いまし》めるための言葉だと思われがちだが、それだけではない。医学的な観点から見ると時代を問わず、また年齢を問わず、健康面での重大なアドバイスなのである。

牛には、胃袋が4つある。草を食べると、まず第一の胃に入れて発酵させる。それを口に戻してもう一度噛み、今度は第二の胃に入れる。そして最後に第四の胃まで送るのだ。

これは「反芻《はんすう》」と呼ばれ、草を発酵させて栄養をとりやすくするための牛特有のしくみである。

そして、この反芻がスムーズに行われるために、牛は草を食べたあとにすぐ横になるのだ。

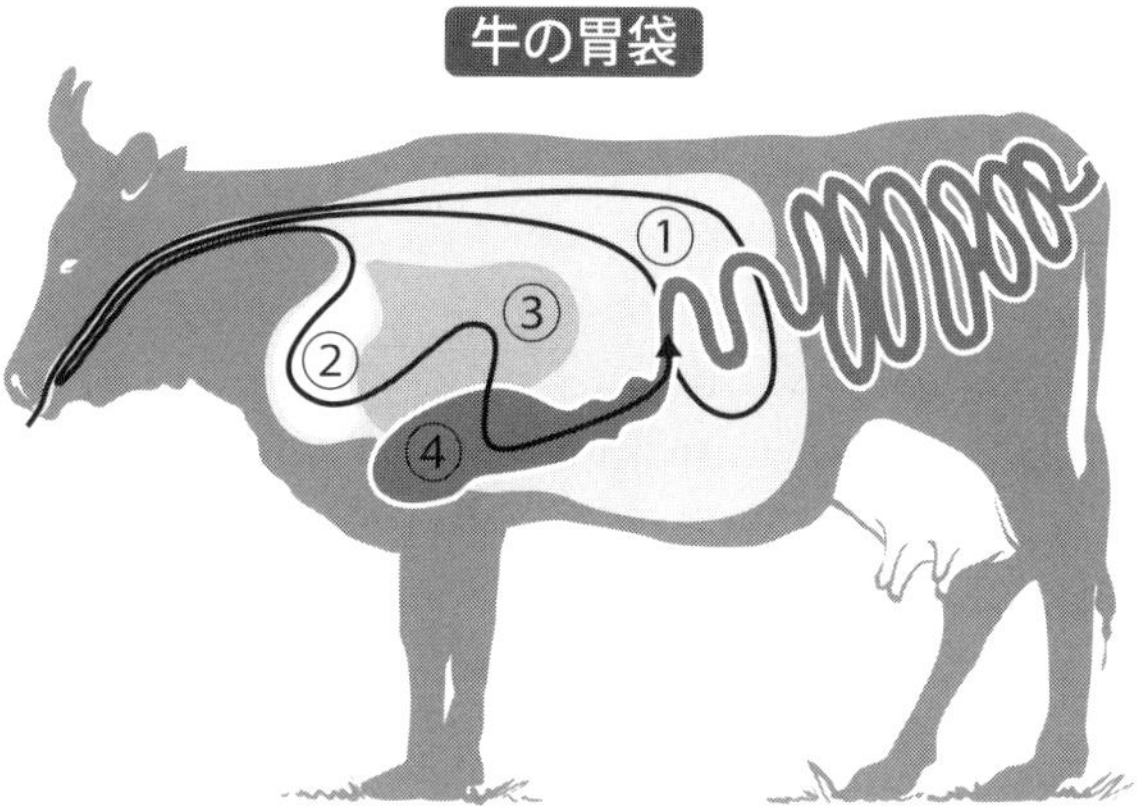

体を横たえると、胃の中の草が口に戻ってきやすくなるからである。

食道がんの原因にもなる

これは人間も同じで、横たわると胃の中身が口に戻りやすくなる。しかし人間は反芻する必要がないので、そのことがかえって消化の妨げになる。だから牛と違って**人間は、食べたあとで横にならないほうがいい**のだ。

理由はほかにもある。食べ物が口の中まで戻らなくても、胃液だけが食道の途中まで戻ることがある。すると、胃液が食道の内壁を傷つけることになりかねないのだ。

それを何度も繰り返すと、荒れた食道の内壁がもとになり、急性食道炎になることもある。それを何度も繰り返してその症状が悪化すると、最悪の場合、食道がんを引き起こす原因にもなるのだ。また、本来は胃から腸へと送られるはずの食べ物が、長い時間にわたって胃にとどまるので、消化吸収が悪くなるおそれもある。

動かなければ脂肪が蓄積される

さらに、太りがちな人がけっして忘れてはならないことがある。

小腸から吸収されたブドウ糖は、血液を介して肝臓に運ばれ、その一部は血糖として血液中で利用される。そして、肝臓で貯蔵されなかった余分な糖は、脂肪として蓄積されることになる。だから、食べ過ぎたときに動くのが面倒で横になってしまうと、脂肪が蓄積され、さらに太りやすくなるのである。

そのまま眠ろうものなら、胃腸の働きも停滞してしまうので、なおさら悪影響がある。眠っている間のカロリー消費はせいぜい基礎代謝分しかないので食後の血糖値が上昇しやすく、その結果脂肪も蓄積しやすくなり、肥満につながるのだ。

こういったことが積み重なれば、脂肪肝や糖尿病を引き起こすおそれも出てくる。

「牛になる」という表現は、じつは現実を反映した言葉であり、いい得て妙なのである。

健康にまつわる迷信7

靴下をはいて寝ると親の死に目に会えない

親の死に目に会えないことは親不孝

寒い夜、足が冷たくてなかなか眠れないときに靴下をはいて寝るという人も多いだろう。しかし昔から、「足袋《たび》をはいて寝ると親の死に目に会えない」といわれている。足袋をはいて寝床にもぐりこむなどという行為はタブーだった。

理由は、寝ている姿が死者を連想させるからだ。

昔も今も、亡くなった人を棺に入れる際には、あの世への遠い旅にそなえて足袋や草履《ぞうり》をはかせる習慣があり、寝姿と重なる。そのために生まれた戒《いまし》めだと思われる。

また現在では、医学的な観点からも、靴下をはいて寝るのは良くないことがわかっている。

深部体温と眠気の関係

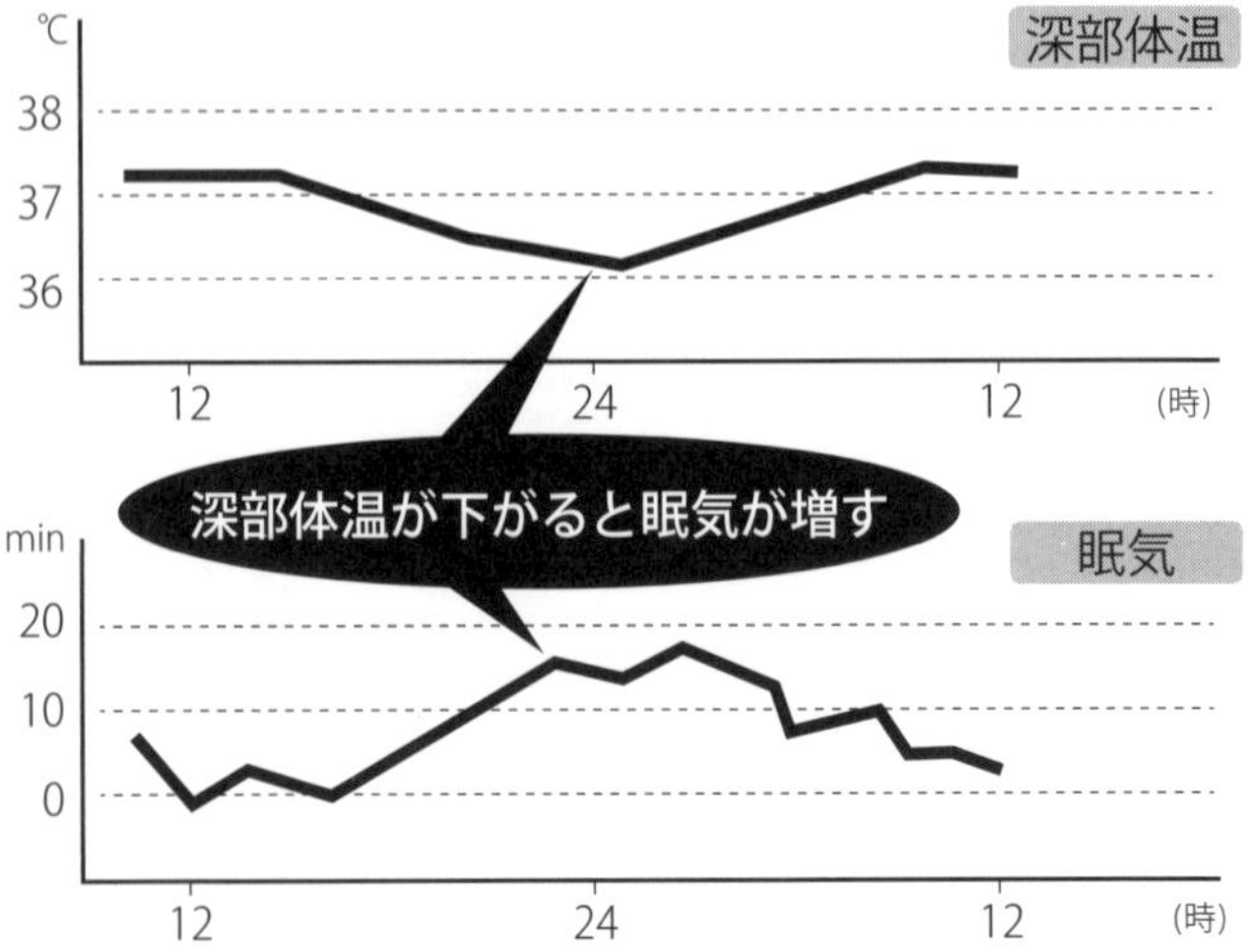

(『Modern Physician』2005.25(1) 亀井雄一・内山真「快眠法」をもとに作成)

人間の体は、眠りにつくときには手足から熱が放出され、体内の深い部分の温度が下がる。

手足から熱が放出されるということは、手足を暖かくするために血管が拡張し、熱を逃がしているということだ。

ところが、**靴下をはいていると熱が逃げにくくなり、体温が下がりにくくなる**。そのため、体が寝るのにふさわしい状態になりにくくなる。

そうすると睡眠の質が悪くなり、健康に害を及ぼすこともあるのだ。

昔の人がこのことを知っていたかどうかはわからないが、靴下をはいて寝ると結果的に熟睡することができず、健康面ではマイナスになることを知っていたのかもしれない。

夜に爪を切ると親の死に目に会えない？

親の死に目といえばもうひとつ、「夜に爪を切ると、親の死に目に会えない」という言い伝えを聞いたことのある人もいるだろう。

この言い伝えにはいくつかの説がある。短命を意味する「世を詰める」を「夜爪《よつめ》」に引っかけたという説や、スサノオノミコトが手足の爪をとられて地上に追放されたことにちなむという説などだ。

だが、この言葉の真相はシンプルだ。江戸時代より前は照明設備が充実していなかったため、夜はろうそくなどのわずかな灯りで暮らしていた。

当時は爪切りというものはないので、ノミのようなもので削っていく。武士などは刀を持ち出していたというから穏やかではない。

もし暗闇でケガをして、万が一親より先に死んでしまったら……と、やや大げさに「夜に爪を切ったら危ない」という注意を促したのである。

健康にまつわる
迷信8

梅雨入り時に梅を食べてはいけない

若い梅には毒がある

ハウス栽培が盛んになって野菜に季節感がなくなったといわれるが、初夏のスーパーに並ぶサクランボやビワ、秋ならば柿、栗など、果物の中にはまた季節がめぐってきたと感じさせてくれるものが健在だ。

青梅もそんな季節感のある果物のひとつである。梅雨にさしかかる数週間だけ梅酒や梅ジュースなどの加工用として店頭に出る。しかし、昔から青梅はけっしてそのまま食べてはならないといわれている。

1年のうちごく短い時期にしかお目にかかれない青梅を食べてはいけないとは、いったいどういうことなのだろうか。

青く未熟な梅には、青酸配糖体の**アミグダリンという毒の成分**が含まれているのだが、これを食べると体内の酵素で糖とシアン化合物に分解される。シアンとは猛毒の青酸のことだ。

若い梅の実

特に、まだ種が柔らかい若い実は危険で、硬い種に成長したものに比べて10～20倍ものアミグダリンを含んでいる。

そのため、1個食べただけでも腹痛や強いアレルギー反応を引き起こすことがあり、多量に摂取すると昏睡状態になり、最悪の場合には死に至ることもあるのだ。

実が大きくなるまで待つ

このような若い梅の実が強い毒を持っているのは、しっかりと成長するまで実を守るためだと考えられている。熟す前の若い種を食べると体調を崩すとなれば、人間や動物も近寄ってこなくなるというわけだ。

実際、実が大きくなれば毒の成分はかなり減る。エムルシンという酵素が毒を分解して、収穫する頃には果肉にはほとんど残らないのだ。種が硬くなるまで成長していれば、もし生で実を食べてしまったとしても、子供でも100個くらい食べなければ、深刻な影響は出ないという。

ちなみに、アミグダリンは梅と同じバラ科サクラ属のアンズ、ビワ、スモモの種にも含まれている。一時、健康食品としてビワの種を粉末にした加工食品が出回ったことがあったが、農林水産省は健康を害するおそれがあるから食べないよう呼びかけている。

また、がんに効くとうたったアミグダリンのサプリがインターネットで出回ったこともあり、実際にがん患者が服用して重篤《じゅうとく》な健康被害を出した例もある。

もちろん、梅酒や梅ジュースとして加工する分には何も心配はいらない。数週間～数ヵ月寝かせて出来上がった頃にはアミグダリンは無毒化している。

梅は2000年前に書かれた中国最古の薬物学の本にも載っていて、日本には3世紀の終わりごろに伝来している。「梅雨入り時に梅を食べてはいけない」というのは、自然毒に対する昔ながらの知恵なのだ。

健康にまつわる
迷信 9

スイカの種を食べるとへそから芽が出る

胃の中では芽は出ない

スイカの種を食べるとへそからスイカの芽が出てくるから、食べてはならない。子供の頃に親からこう言われた人も多いだろう。

しかし、現実にはこんなことは起こり得ない。

スイカの種を発芽させるためには、発芽する可能性のある種に、25～30℃程度の適温下で酸素と水を過不足なく与える必要がある。人間の胃袋の中の環境は植物が芽を出すには適していないし、ましてや、胃の中で芽を出した植物が、そのまま内臓や皮膚を破って成長するといったホラー映画のようなことは起こらない。

また、「スイカの種を食べると盲腸になる」という迷信もあるが、これも現実には起こり得ない。盲腸は腸の途中にある虫垂《ちゅうすい》という部分が炎症を起こす病気だが、盲腸の入口は小さく、スイカの種は入らない。

だから、飲み込んだスイカの種と盲腸（虫垂炎）との間に因果関係はないのだ。

食べても消化されずに排出される

では、もしもスイカの種を飲み込んでしまったらどうなるのだろうか。

スイカの種は、見てのとおり外側の皮はとても固くて頑丈にできている。だから、胃の中に入っても消化されず、腸に送られて最後はそのまま排出される。

もし外皮が割れて消化されることになっても、成分は脂肪とタンパク質なので、人体に悪影響はない。種にはカルシウムやマグネシウム、カリウム、鉄分などが含まれているので、むしろ栄養になるくらいだ。

ではなぜ、大人は子供がスイカの種を飲み込むことを禁じたのだろうか。

スイカの種を食べる際にすべて取り除こうとすると手間がかかる。面倒なので、子供はついつい種ごと食べてしまいがちだ。

食べてもとくに悪影響はないものの、あまりに多くの種が胃に入ると、消化されないものを大量に胃から腸へと送ることになるので、体にとっては大きな負担になる。

とりわけスイカをよく食べる夏場は、暑さのために抵抗力が落ちていることもあるだろう。そんな時期に消化の悪いスイカの種は、腹痛のきっかけになることもあるのだ。

スイカの種は１玉に400～600個含まれている。

有害物質により種を守る

ちなみに、スイカの種には**アブシシン酸**という酵素阻害物質が含まれており、消化に必要な酵素を妨げることがある。

これはスイカにとっては、もっとも適当な時期になって発芽するまで変質しないように守るという重要な役割を担っている。人間の体に入ると、消化不良や下痢などの症状が出る場合もある。

とはいえ、そんな症状が出るには、よほど大量のスイカの種を食べなければならないので、ふだんはあまり気にしなくてもいいだろう。

健康にまつわる
迷信10

宵越しのお茶は飲むな

一晩で毒になる

お茶は抗酸化作用のあるカテキンやビタミンCを多く含み、血圧の上昇を抑える効果もある、健康にいいとされる飲み物の代表といっていい。

しかし、そんな優秀な飲み物も「宵越しのお茶は飲むな」と言われることがある。これは昔の人が、実際に飲んでみて異変を感じたからではないだろうか。

なぜなら、茶葉には多くのタンパク質が含まれていて、一度淹《い》れた茶葉を急須の中に入れっぱなしにしておくと、そのタンパク質が腐敗して**雑菌が繁殖していく**のだ。

悪役にもなるタンニン

茶葉には**カテキン**が大量に含まれている。カテキンには脂肪の燃焼量を増やす効果もあるために、生活習慣病や肥満の予防、さらにダイエット効果があるとされているのだ。

また抗菌・抗ウイルスの効果や、風邪やインフルエンザの症状緩和、あるいは腸内環境を整える効果に関する研究も進められている。

しかしカテキンは水溶性なので、一度淹れるとどんどん湯に溶け出して効果は薄れる。

さらに、カテキンは酸化がすすむと**タンニン**という渋味成分に変化する。

一般的な茶葉に含まれている適量のタンニンは、胃の細胞を刺激して消化を助けるというメリットがある。

ところが、タンニンがあまりにも増えると、胃の粘膜を荒らし、消化液の分泌を妨げ、胃に害を及ぼす。もともと胃腸が弱い人は、吐き気や下痢につながることもある。

カテキンは特に緑茶に多く含まれる。

アメリカ南部を流れるスワニー川の水。この水にはタンニンや腐食酸が多く含まれており、生き物はあまり見られない。

そんな茶葉にもう一度湯を注いで飲めば、お腹の調子が悪くなっても仕方がないかもしれない。

だから、「宵越しのお茶は飲むな」という言い伝えは、正しくは**「一度淹れてから時間のたった茶葉で入れたお茶は飲むな」**ということになる。

昔、忍者が活躍した時代には、わざと濃いお茶を淹れて、それを地中で何日間も保管したものを「宿茶《しゅくちゃ》の毒」として使ったといわれる。古くから宵越しのお茶は、命の危険にもつながるものだということは知られていたのだ。

「宵越し＝一晩」の定義は、料理のレシピなどを参考にすれば6～8時間だ。だから一晩置いたものでなくても、朝に淹れたものを夕方まで放置しておくのも良くないのだ。

ペットボトルも「その日のうち」が理想

最近は、「飲むのはもっぱらペットボトルで買ったものばかりで、急須《きゅうす》で淹れたお茶などめったに飲まない、茶葉から淹れないので関係ない」という人も少なくないだろう。ペットボトルのお茶は腐らないと信じている人もいるようだ。

しかし、ペットボトルのお茶もコップに移さずに直接口をつけて飲んだ場合は、やはりその日のうちに飲んでしまったほうがいい。お茶の中に口の中の雑菌が混ざり、場合によっては繁殖する可能性があるからだ。フタをあけることで空気中の雑菌が入るので、それが腐敗の原因になることもある。メーカーにもよるが、一応の目安として開封後8時間以内に飲んでしまうのが安全とされている。

また、ここ数年、高濃度茶カテキンが話題になっている。

前述したように、カテキンには抗菌作用や脂肪燃焼量効果があるが、その一方で、大量にとりすぎると肝障害につながるという研究もあり、過度な摂取は危険だともいわれる。

結局、**急須は淹れたて、ペットボトルは開けたてが一番**だということだ。

健康にまつわる迷信 11

お寺の鐘などについている「緑青《ろくしょう》」には毒がある

銅の表面を覆う緑色のサビ

少し古びた10円玉に、緑色の粉のようなものがついているのを見かけたことがないだろうか。銅につく緑色の物質は緑青と呼ばれるもので、その正体は、銅が長い間空気にさらされることで酸化して生成される、いわゆるサビだ。

酸素や二酸化炭素、水分にさらされた銅の表面には、緑色の被膜ができる。それが長い時間を経ると、もとの銅色を覆い隠すほどになるのだ。お寺の鐘や鎌倉の大仏が緑っぽい色をしているのはこのためである。

緑青は水や酸には溶けないので、それに覆われている内部の銅は腐食しにくくなる。古墳な

お寺の鐘や大仏の表面を覆う緑青

どから出土する青銅器は、もとの銅色が緑青に覆われているために「青銅」といわれるが、そのおかげで腐食してボロボロになることなく現在に至っている。

じつは無害

一方で、緑青は猛毒であるといわれているし、実際そう信じている人も多いだろう。

しかし、これは明らかな間違いであることが証明されている。

厚生省（当時）では、1981年から3年間にわたり、国立衛生試験所（当時）、国立公衆衛生院、東京大学医学部衛生学教室による研究を行い、緑青は無害に近い物質であることを証明した。

1984年には公式に**「緑青は無害である」**ことを発表している。

ただ、無害に近いといってももともと食用の規定で測っているわけではない。食物でない以上はむやみに口にするものではなく、ほかの重金属との毒性を比較したときに同レベルの値でしかないということだ。

なぜこのような誤解が生まれたのかは定かではないが、昭和40年代までの小学校の理科の教科書にも「緑青は有毒」だという記載がある。

東京大学医学部衛生学教室の豊川行平元教授は、緑青の色である鮮やかなエメラルドグリーンが毒物というイメージを植えつけ、それが広まってしまったのではないかと考察している。

そもそも緑青は水に溶けにくいので、それを取り込んだところで人体に吸収されて影響を与えることは考えられない。

日本の義務教育は全国にあまねくその恩恵を与えている一方で、その過程で学んだことが時代を経てくつがえっても、それまで得た知識をアップデートすることがむずかしい。緑青が有毒だとしていた教科書で学んだ世代は現在の中高年世代なので、刷り込まれたイメージを払拭するにはまだ時間がかかりそうだ。

4章　古くからの伝承の解明

古くからの伝承
1

厄年に「厄払い」や「厄除け」をすれば災いが避けられる

人生の節目で健康を振り返る

「厄年」とは、災難にあいやすいので何事も慎み深く、用心して過ごさなければならないとされる年齢のことだ。

厄年には神社で厄払いをしてもらうのがか慣例だが、平安時代から行われていたとされる。もとは陰陽五行説からきているという説があるが、たしかな根拠はなく、なぜこのような慣例が生まれたかは謎である。

現在よりも平均寿命が短く、医学も発達していなかった時代には、人生の節目で自分の健康や生き方を振り返るという自戒の念を起こすための区切りの儀礼のようなものだったと考えら

厄年（数え年）

※諸説あり

	前厄	本厄	後厄
男性	24歳	25歳	26歳
	41歳	42歳	43歳
	60歳	61歳	62歳
女性	18歳	19歳	20歳
	32歳	33歳	34歳
	36歳	37歳	38歳
	60歳	61歳	62歳

れている。

そう考えると、平均寿命が延びて、医学も発達した現代社会においては、厄年の年齢が現実と合致していないともいえる。

ちなみに、令和元年の平均寿命は男が81・41歳、女が87・45歳となっている。

江戸時代の平均寿命は30〜40歳

古い時代の平均寿命については詳しい数字が残っていないが、明治〜大正時代で44歳前後、江戸時代はおおむね30〜40歳といわれている。江戸時代は約３００年間あり、時期によっても異なるため、正確な数字はわからない。

これらに比べると現代人は長生きなので、心身の健

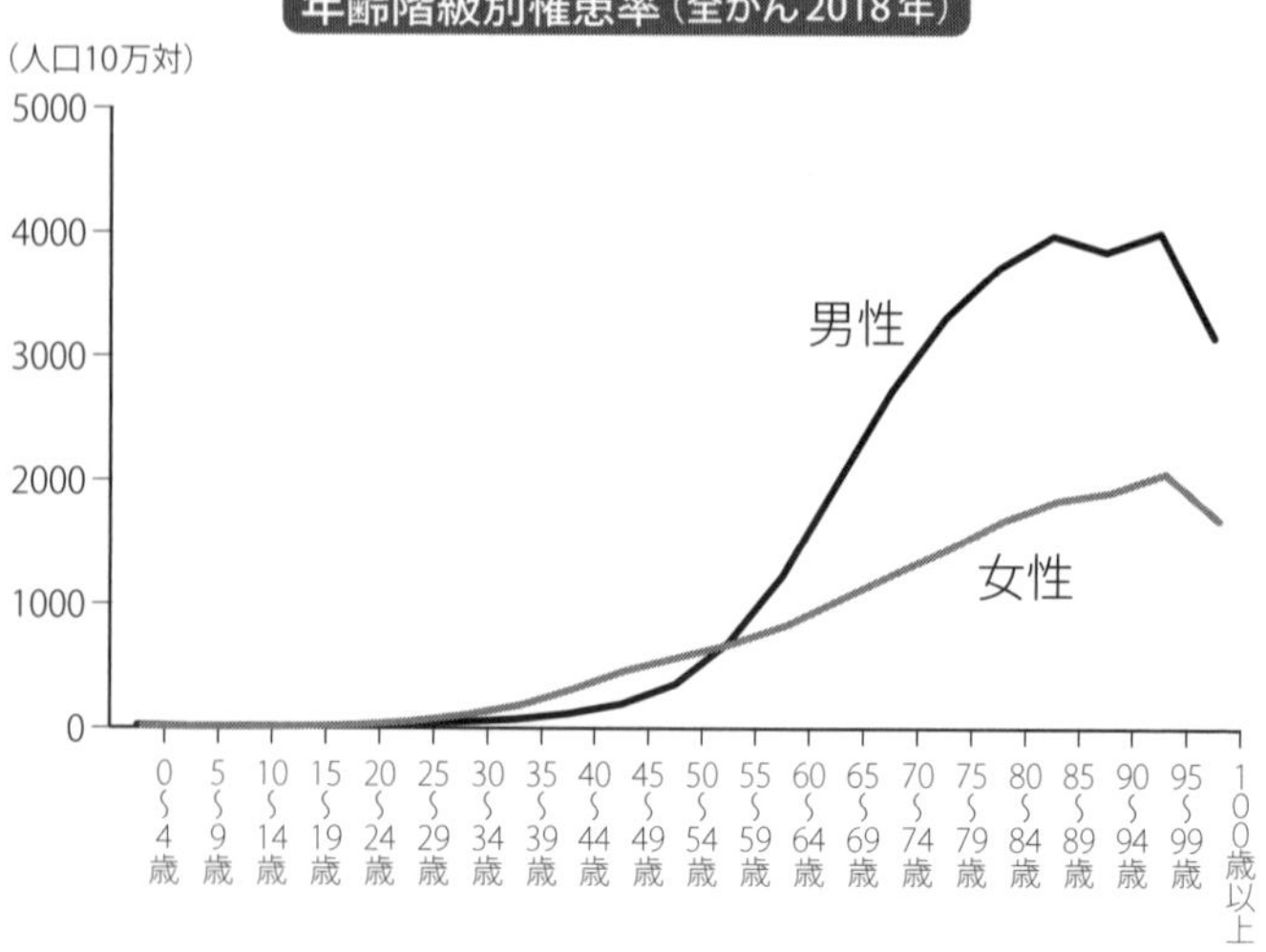

康を見直す年齢も変わってくるはずだ。

たとえば、現代人の死因のベスト3はがん、心疾患、脳血管疾患（脳卒中）だが、なかでもがんにかかる人は、上のグラフのように女性が30歳を超えたあたりから緩やかに増えるのに対して、男性の場合は50歳を過ぎると急激に増えてくる。

ちなみに、がんの羅漢者数の順位は、男性の1位が前立腺で、2位が胃、3位が大腸の順で、女性は乳房、大腸、肺の順となっている（2018年）。また、男性は肺がんが、女性は大腸がんが死亡数のトップを占めている。

ただ、日本人ががんで死ぬ確率は男性が4人に1人で、女性が6人に1人ということから考えると、現実に合わせた今どきの新しい〝厄年〟があってもいいのかもしれない。

臓器には「耐用年数」がある

人間の寿命は延びているが、だからといって病気が減っているわけではない。体内にある臓器ごとにいろいろな病気があるが、臓器には、それぞれに**「耐用年数」**ともいうべき寿命があることも忘れてはならない。

たとえば肺は、20歳を過ぎると少しずつ衰えていき、70歳を過ぎると肺活量は20歳の頃の半分になる。

心臓の寿命は、心拍数と関係があると考えられている。20〜23億回で寿命がくるのだ。だから、心拍数がゆっくりの人のほうが長生きするということになる。ただし、このことがそのまま寿命に影響するわけではなく、寿命にはほかのいろいろな要因が関係している。

逆に肝臓は、老化しない臓器といわれる。肝細胞は再生能力が優れていて、70歳になっても、その機能は若い頃とほとんど変わらない。肝臓を切除する手術があるが、7割を切除しても半年ほどでもとの大きさに戻る。

健康なつもりでいても、体内には耐用年数に近づいている臓器があるかもしれない。昔からの慣例を見習って、自分の健康を過信せず、つねにチェックを心がけておいたほうがいいのだ。

古くからの伝承
2

幽霊は両手をだらりと下げた姿で現れる

手首と指が下がった状態

死んだ人の霊が現世にとどまり、生きている人間の前に現れたり、乗り移ったりするという話は古今東西で語られている。

日本ではざっくりと「幽霊」という言葉でくくられるが、実際に見たことがあるという人、気配すら感じたことがないという人、そもそも信じないという人と、立場はさまざまだろう。

とはいえ、幽霊を主役にした怪談話は数えきれないほどあるし、信じないという人でも幽霊に対するイメージはあるのではないだろうか。そして、そのイメージとは、着物姿の女性が両手をだらりと下げている姿ではないだろうか。

鉛中毒で死んだ女か

この手の形状は医学的には**「下垂手《かすいしゅ》」**と呼ばれる。具体的には手の甲を反らせたり、手指の付け根の関節を伸ばすことができなくなったもので、手首と指が下がった状態になってしまうのだ。

歌川国貞画「見立三十六歌撰之内　藤原敏行朝臣
累の亡魂」

これは、手の甲の感覚を伝える橈骨《とうこつ》神経が上腕の中央部で傷つく「橈骨神経麻痺」から起こる症状のことで、現代ではケガやスポーツが原因であることが多い。

だが、昔は別の原因でもこの症状を引き起こすことがあった。**鉛中毒**である。

鉛中毒には貧血や腹痛のほか、手の麻痺などの症状がある。

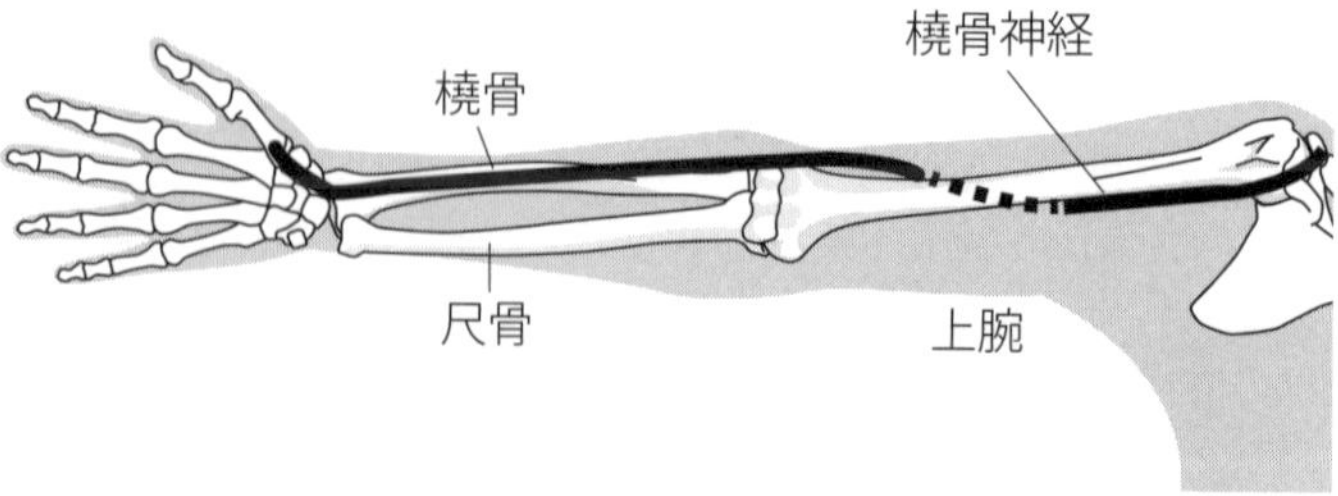

鉛は古代から社寺の資材に使用されていたが、時折、職人たちが鉛中毒に悩まされていた。もっとも、それが鉛中毒だとわかったのは後世の研究からで、鉛を扱う職業の人には今でも見られることがある。

鉛はまた、かつては女性が使うおしろいにも含まれていた。含有量は少なくとも、おしろいは日常的に使用するものである。本人が気づかないうちに中毒状態になり、重篤《じゅうとく》な症状を招いてしまうのだ。

1887（明治20）年には、歌舞伎役者で女形の中村福助が、演技中に足の震えが止まらなくなり、倒れてしまう事件が発生した。その後、原因が顔に塗っていたおしろいの成分である鉛であることが世に知れ渡り、社会問題化したという歴史もある。

つまり、手をだらりと下げた幽霊の正体は、鉛中毒で死んだ女性だという見方が成り立つのである。

ちなみに、鉛入りの化粧品が禁止になったのは1934年と比較的最近のことだ。鉛が入ることでより美白になれたというから、特に江戸時代の幽霊画などで描かれる幽霊がなんとなくみな美しく見えるのはそのせいかもしれない。

古くからの伝承
3

山で急に動けなくなるのは妖怪のせい

体はやせこけ、腹はふくれ上がる

日本人は生活にまつわるさまざまな出来事を妖怪のしわざだとして受け止めてきた。

そのひとつに**ヒダル神**がいる。

長旅の途中の旅人や、山や丘を越える途中の人が、急に激しい疲労感や空腹感に襲われて動けなくなり、最悪の場合は命を落とす。その悲劇は、人々の間で「ヒダル神に取り憑かれたせいだ」とされてきたのだ。

ヒダル神は西日本を中心に伝承されている、餓鬼《がき》憑《つ》きの一種だ。地方によってダラシ、ダル、ダリなど呼び方は違うが、人間を行き倒れさせるという点では同じ妖怪だ。やせこけた体にふ

『餓鬼草紙』に描かれた餓鬼

くれ上がったお腹、ぎょろぎょろと際立つ目、そのイメージは古くから絵や物語に描かれてきた。
長旅の移動手段が徒歩だった時代には、途中で行き倒れて命を落とす人はけっして珍しくなかった。ヒダル神は旅人の間で恐れられてきた存在なのだ。

有酸素運動による急激な低血糖

ヒダル神に憑かれたという人は、急激な疲労感や空腹感に襲われる。そのせいで立っていられなくなったり動けなくなったりする。

文献などで描写されているこの状態は、**低血糖状態**とすれば説明がつく。

長時間歩き続けることは、体に軽度の負担をかけ続ける有酸素運動にあたる。有酸素運動の際は、血液中にある糖質がエネルギーに変わり、それが足りなくなれば脂肪が分解されてエネルギーに変わる。

ただし、脂肪の分解には少し時間がかかるため、血中の糖質が少ないと補給が間に合わずにエネルギーが枯渇してしまうのだ。

これが低血糖になるメカニズムであり、空腹で歩き続けると低血糖を起こしやすいのである。

ヒダル神が出たといわれる丹沢・大山のヤビツ峠（神奈川県秦野市）から見る景色（KIMSCHE / PIXTA）

低血糖を起こさずに歩き続けるためには、糖質を含んだ食べ物をこまめに口にする必要があるが、現在のように数多くのコンビニやスーパーがなかった時代は、空腹を感じたからといってすぐに食べることはできないし、歩みを止めれば日が暮れてしまう。
昔の旅人にとっては、多少の空腹で歩き続けることはごく当たり前のことだったはずだ。
旅装束に身を包んで山谷を越え街道を歩く昔の旅の様子は牧歌的にも思えるが、人知れずヒダル神に出会って命を落とす危険もあった。
この危険を、人々は妖怪の姿で記して、空腹を我慢しすぎて低血糖におちいらないように広く戒《いまし》めたのである。

古くからの伝承
4

突然行く手をさえぎられるのはぬりかべのしわざ

鳥取県境港市にある「水木しげるロード」に立つぬりかべ像(©みっち CC BY-SA 2.1 JP)

食生活の変化が生んだ妖怪？

ぬりかべという妖怪がいる。現在では水木しげるの漫画『ゲゲゲの鬼太郎』に登場する、のっぺりとした壁に目鼻や手足がついた姿がもっとも有名だが、昔の絵巻などでは、家の壁に目鼻があるものや、三つ目の犬のような姿でも描かれている。

じつは、このぬりかべ誕生の背景には、**日本人の食生活の変化**がひそんでいる。

『稲生武太夫一代記』に描かれたぬりかべ

古代より日本人は、長い間、玄米が食事の中心だった。白米は飛鳥時代頃に食べられるようになったが、身分の高い人々だけが食べることのできるぜいたく品だった。

それが、江戸時代になって食生活が変化した。農業技術の進歩や新田開発が進んで、米の生産量が飛躍的に向上した。

また流通システムの改善などにより、江戸では多くの**白米**が出回るようになった。その結果、当初は武士だけが口にしていた白米を庶民も食べるようになったのだ。

このことは日本の社会を大きく変えた。「江戸に行けば白米が食べられる」ということで、地方から江戸に人々が押し寄せ、人口が集中するようになった。

1日に3度食事をする習慣もこの時期に始まったといわれる。

栄養不足による症状か

ところが、同時に奇妙な病気が流行し始めた。足元がふらついたり、妙に怒りっぽくなったり、ときには床にふせって離れられないといった病人が急増したのだ。

不思議なことに、江戸での生活をやめて地方に帰ると、それらの症状は消えたという。

この原因がわかったのは明治時代になってからだった。食生活の中心が玄米から白米に変わったことにより、**栄養不足**が広まっていたのである。

白米は精米の過程で玄米についているヌカを取り去ったものだが、白米ではビタミンB1やビタミンAがとれない。ビタミンB1の欠乏は**脚気**《かっけ》、ビタミンAの欠乏は**夜盲症**《やもうしょう》などの病気を引き起こした。

その両方の症状が重なると、夜には前が見えにくくなり、足元もおぼつかないので、目の前に壁が立ちはだかっているように思える。自分の身に何が起こったのかわからない恐怖もあって、ぬりかべという妖怪が生まれたのだ。

ちなみに、白米100グラムに含まれるビタミンB1は0・1グラム、玄米は0・5グラムであるのに対し、米ぬかは2・5グラムもある。だから江戸を離れて地方に帰り、昔ながらの玄米や野菜中心の食生活に戻ると自然と回復したのである。

古くからの伝承
5

行きはよくても帰りはこわい「とおりゃんせ」

100年前の子供は死と隣合わせ

「とおりゃんせ、とおりゃんせ、ここはどこの細道じゃ」で始まるわらべ歌には、もの悲しいメロディのせいか、あるいは少し不気味な歌詞のせいか、不穏なイメージがある。

とおりゃんせの歌詞を読み解くと、キーワードとして「天神さまの細道」と「七つのお祝い」が浮かんでくる。

天神さまの細道とは、福岡県の太宰府天満宮や東京の湯島天満宮などの天神を祀った神社の参道のことで、七つのお祝いは七五三のことだ。つまり、七五三のお参りに天神様に行くというおめでたい情景を謳《うた》ったものなのだが、では「行きはよいよい、帰りはこわい」のはなぜなのだろうか。

ここで注目したいのが、**近代までの七五三が持つ意味**である。

子供の成長を祝う年中行事として受け継がれてきたものだが、5歳で行う男児のお祝いを「袴着《はかまぎ》」、7歳で行う女児のお祝いは「帯解《おびと》き」と呼ばれ、子供の着物から卒業する儀式だった。

江戸時代の平均寿命は30～40歳といわれており、乳幼児のうちに命を落とした者も多かった。子供が無事に成長することがどれだけむずかしかったかは、厚生労働省が公開しているデータからも明らかだ。

統計が公開されているもっとも古い年は1899（明治32）年で、その年の乳児死亡率は15・38％である。10人に1人以上の乳児が命を落としていたのだ。

乳児とは生まれて1年以内の子供のことをさす。2019年の同死亡率が1・9％であったことから考えても、100年前の日本の子供は、今とは比較にならないほど死と隣り合わせといえる状況だった。

日照りや水害などの天災、それにともなう飢餓《きが》、日頃からの栄養事情の悪さ、さらには疱瘡《ほうそう》（天然痘）や麻疹《ましん》などの致命傷となる疫病は、体も小さく体力もない子供の命を簡単に奪ってしまう。

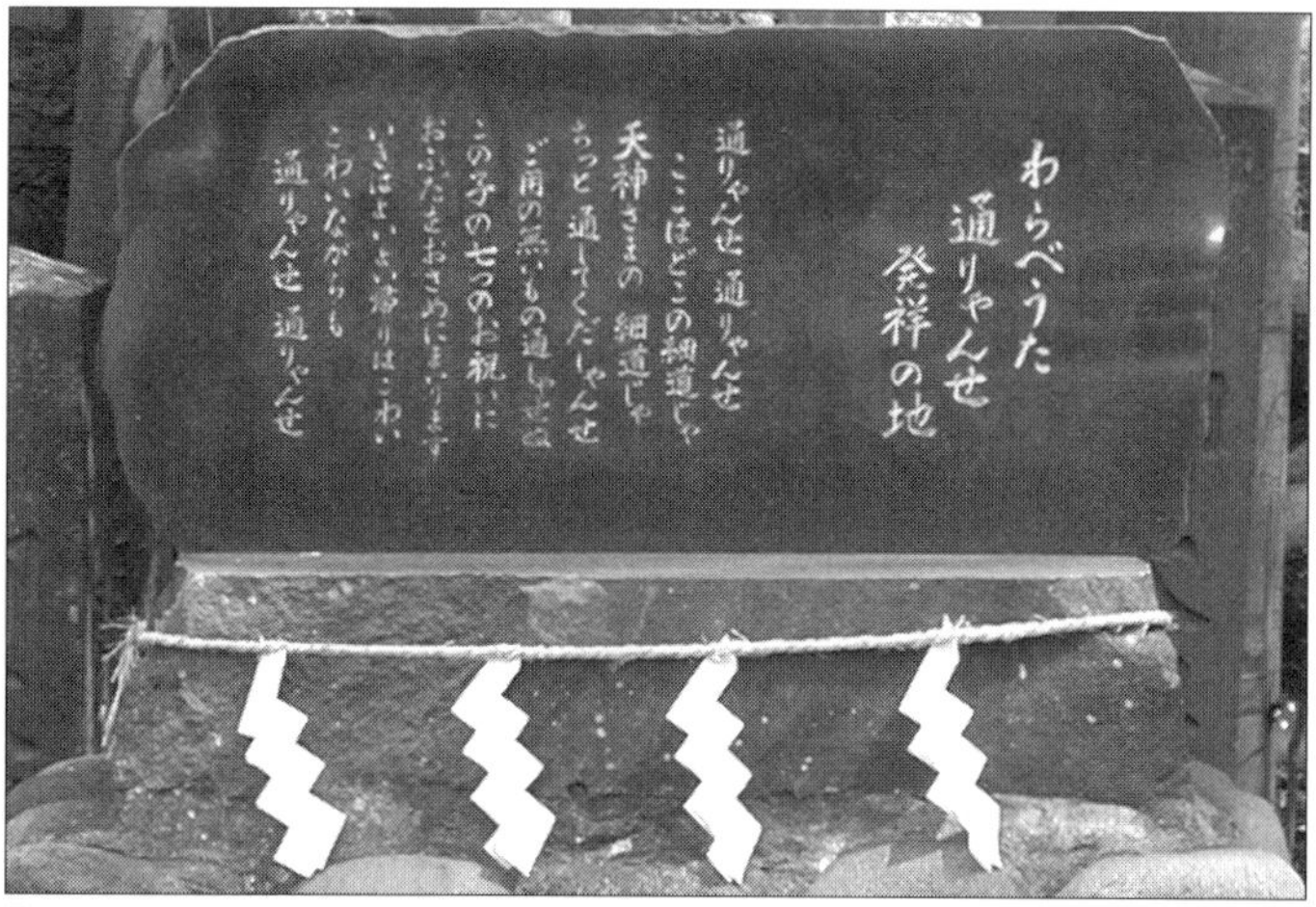

「とおりゃんせ」発祥の地といわれる菅原神社（神奈川県小田原市国府津）にある石碑

そんな社会状況からなのか、**「7歳までは神のうち」**という言葉も生まれた。7歳未満の子供はまだ人間ではなく神の子であるから、いつ神のもとに帰ってもおかしくはないという意味だ。

その先の人生が「こわい」

「とおりゃんせ」で謳われている情景を思い浮かべてみれば、七つのお祝いに天神様に参ったら、その帰り道で手を引く子供は人間の子である。

神の子である間はその生も死も天命だが、帰りの鳥居をくぐって神域を出れば、その子に降りかかる厄災から守るのは家族の役目だ。

天災や飢餓、疫病など、7つを過ぎても子供を取り巻く環境はじつに過酷だった。7歳を迎えたのは「よい」のだが、その先の人生は「こわい」のである。

古くからの伝承
6

「かちかち山」の悪いたぬきはおばあさんを殺して食べた

鍋で煮て「婆汁」をつくったたぬき

白雪姫、眠れる森の美女、かちかち山……これらの子供向け童話には共通点がある。一般的に知られているストーリーのもとになった原話に**カニバリズム**の要素があることだ。

カニバリズムは人肉食という意味であり、人類最大のタブーだ。人間が人間の肉を食べるということは、おぞましく忌むべきものとして、現代では「ないもの」のように扱われている。しかし近代以前の社会で行われていた形跡は、冒頭の童話のように思いがけない形で残っていることがある。

子供向けに書かれた「かちかち山」では、たぬきが畑にいたずらをしておじいさんにつかまり、

おばあさんにかみつくたぬき（十返舎一九『閻思獣境界』第２巻より）

縛り上げられる。しかしたぬきはおばあさんをだまして縄をほどかせ、あげくに殴り殺して逃げてしまうというのが前半のストーリーだ。

しかし、子供向けにアレンジされていない話では、たぬきはおばあさんをきねで打ち殺したあと鍋で煮て「婆汁」をつくり、おばあさんに化けて、帰ってきたおじいさんに食べさせる。

まごうことなきカニバリズムである。

人間が人間の肉を食べる理由は何か

歴史上において、人肉食の記録は少なくない。古代において人肉食が行われていたことは、化石調査や遺伝子研究の結果で証明されている。

日本国内の例としては江戸時代に記録がある。

当時は餓死者が出るような飢饉《ききん》が繰り返し起きたが、なかでも1780年代の天明の大飢饉では50万人ともいわれる人々が飢えて命を落とした。飢饉の様子を記録した文献の中に、死んだ人間の肉を売ったりもらい受けたりしたという記述が残っている。

とはいえ、人肉食を「栄養補給」という観点のみで語ることには無理がある。なぜなら、人肉はほかの動物の肉と比べても特別栄養価が高いわけではないからだ。しかも動物を狩るのと違って、人間相手では激しい抵抗にあうことは明らかであり、摂《と》れるカロリーに対して費やす労力が大きすぎるといえるのだ。

では、なぜ人が人肉を食べることがあったのか。

飢饉のような極限状態を除けば、多くの場合は宗教的なものであり、まじないや儀式的な慣習の一環として行われてきた場合が多い。

また特殊なケースでは、致命的な病気の発生にも深くかかわっている。

人肉食が不治の病を予防する？

パプアニューギニアの少数民族であるフォレ族にも、20世紀初頭の段階で人肉食の習慣があった。人肉食は弔いの儀式の一環で、彼らは死んだ家族や仲間の体や脳を食べていた。そしてそのことで、クールー病という致死率のきわめて高い病気にかかることが多かった。クールー病はかつて世界的に流行した狂牛病と同じ原因による病気で、プリオンという特殊な伝染性たんぱく質により脳に異常が起こることが原因だ。

フォレ族にクールー病の患者が多いのは、人肉を食べる習慣のためだったと考えられている。このことは、人肉食が世界中でタブーとして戒《いまし》められる理由のひとつといえるだろう。

しかし話はここで終わらない。生き残った患者の中に、プリオンへの耐性を持つ因子を獲得した者がいたのだ。つまり、クールー病に対抗するために遺伝子が変異したと考えられる。

人肉食はフォレ族が難病に感染するリスクを高めたが、その難病に対抗する手段ももたらした。これはダーウィンの進化論を人間で確認できた例といえる。

進化した遺伝子は、アルツハイマー病やパーキンソン病など、プリオンに起因すると考えられる他の疾患の治療にも役立つことが期待されている。

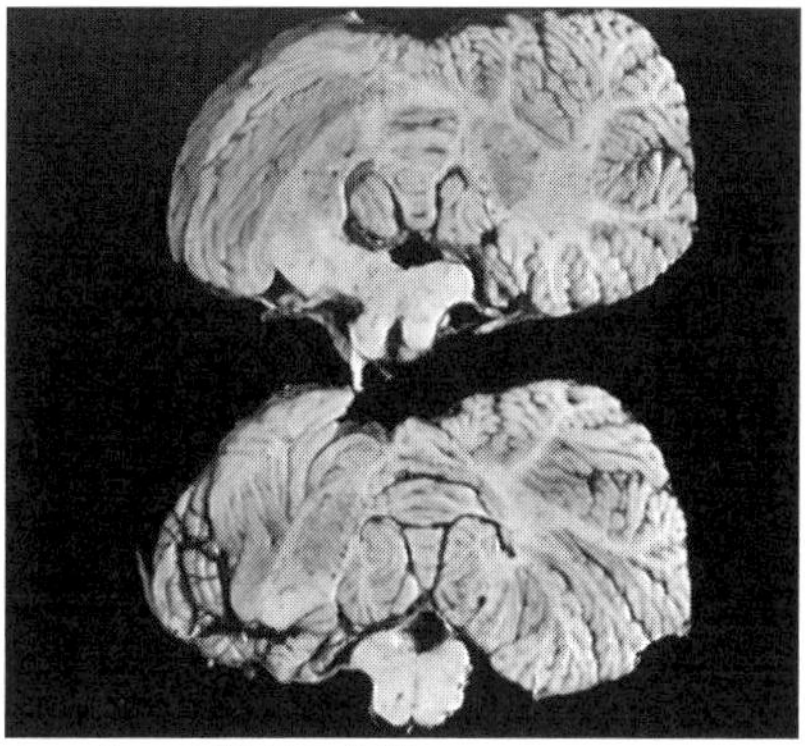

クールー病患者の小脳（「Kuru: A Journey Back in Time from Papua New Guinea to the Neanderthals' Extinction」2013 ©CC BY 3.0）

古くからの伝承
7

山には空を飛ぶ天狗が住んでいる

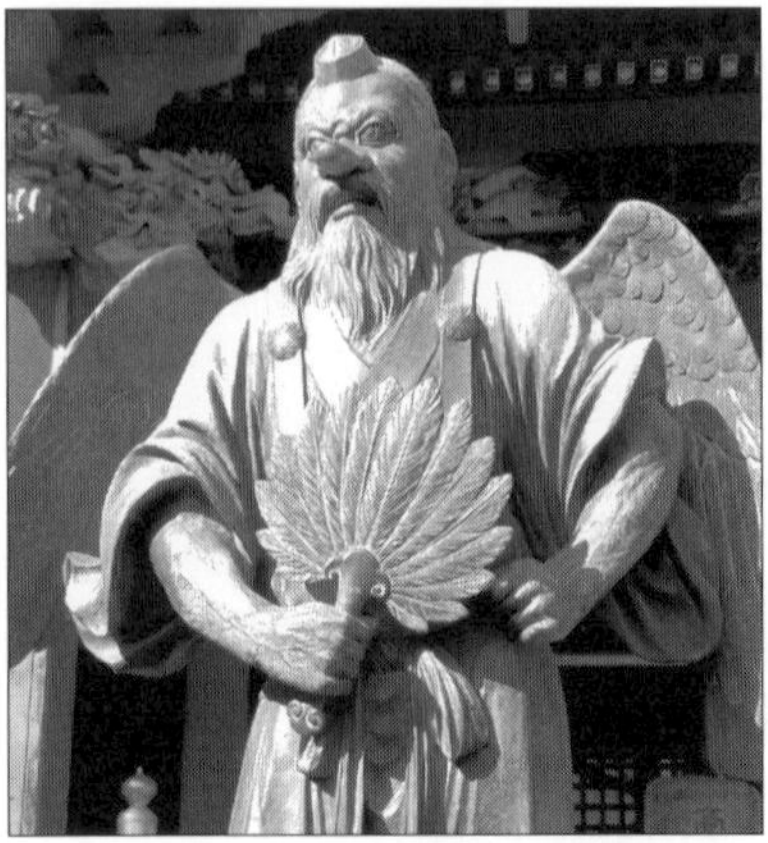
天狗の銅像（高尾山薬王院）

中国から入ってきた流星＝天狗のイメージ

真っ赤な顔、そして異様に長い鼻、大きなうちわを持ち、白い装束に身を固め、空を飛んで現れてはあやしげな妖術を使う。天狗といえばそんなイメージを抱く人も多いだろう。

このようなイメージができたのは平安時代以降だと考えられているが、それ以前にも天狗は存在していた。

江戸末期の書『史記天官書図解』に描かれた「天皷（てんく）」（右）と「天狗」（左）

『日本書紀』には、中国発祥の話として、「流星＝天狗」と記されている。

古代中国では、凶星を**「天の狗《いぬ》」**と呼んで恐れていたと思われる。司馬遷の『史記』にも、天狗について「狗（犬）が吠えるような音をたてて落下する流星」と説明されている。

流星が地上まで到達すれば、大きな被害をもたらす。そのことから「天狗」という言葉には、空から飛来してくる不吉なことや、禍々《まがまが》しいことのイメージがあったのだろう。そのイメージが日本にそのまま入ってきて、『日本書紀』の記述になったと考えられる。

日本人が思い描いた天狗は、空から石を降らせたり、天狗火などを飛ばしたりすると考えられていた。

ここには、かつて空から飛来した流星への恐怖が重ね合わされていたのかもしれない。

天狗＝山伏？

最初はそんな存在だった天狗が、なぜ現在のようなイメージとなって語り継がれるようになったのか。それには、いくつかの考え方がある。

まずひとつは、天狗とは山で遭遇することから、山の変わりやすい天候のことをさすのではないかという説だ。

天狗は木の葉を降らせるなど、荒れた天気を思わせる描写がつきものなのもそれを裏づける。天気の急変へのおそれが、天狗伝説となって語り継がれているという考え方である。

また、昔は山奥で人知れず修行を積む**修験者《しゅげんじゃ》**が多かった。山の中でそんな修験者、いわゆる山伏に出会った人が、その格好を見て天狗という存在を生み出したとも考えられている。

たしかに、今でも地方の祭りで見られる山伏の格好は、多くの人がイメージする天狗の姿とよく似ている。山奥で人知れず修行に励む修験者の姿が、人々にとって不気味な存在に見えたとしても不自然ではない。

天から飛来するムササビ？

ムササビ

そして近年注目されているのが、天狗とは山に住む動物だという説である。もともと天狗は「天から飛来する犬」の比喩だった。何かの理由で山奥に入った人間が、たまたま出会った動物を天狗としてとらえたというわけだ。ワシやタカ、カラスやトビではないかと考えられたこともあるが、なかでも有力なのがムササビである。

ムササビは本州、四国、九州に生息する哺乳動物で、けっして珍しいものではない。最大の特徴は、大きな翼のようなものを広げて木から木へ飛び移るという習性である。たしかにその姿は、瞬時に居場所を変えて人々を惑わせる天狗を連想させる。

また、ムササビには、直径3ミリくらいの糞を木の上からバラバラと降らせるという習性がある。これがあたかも天狗が降らせる木の葉のように思われたのかもしれない。

ちなみに夜行性なので、出会うとすれば夜である。そのことも神秘性を与えたのだろう。

京都の鞍馬山や東京の高尾山に伝わる天狗も、やはりムササビではないかと考えられている。

古くからの伝承 8

8つの首を持つヤマタノオロチ

溶岩＝ヤマタノオロチか？

日本の神話に登場する伝説の生き物で有名なものといえば、ヤマタノオロチだろう。『日本書紀』では「八岐大蛇」、『古事記』では「八俣遠呂智」と書かれている出雲の国（現在の島根県）にいる怪物で、スサノオに酒で眠らされ、首を切り落とされることで知られている。

その姿は、「目は赤かがち（ほおずき）のように赤く」とされ、「ひとつの体に8つの頭と8つの尾をもち、長さは山8つ分、谷8つ分」という大きさで、「腹には血をにじませていた」と描写されている。

とはいえ、生物学的に考えてこのような生き物が実在したとは考えにくい。

スサノオが用意した酒を飲むヤマタノオロチ（鮮齋永濯画『The serpent with eight heads』より）

では、ヤマタノオロチが何を意味しているのか、またどのようにして生まれたのだろうか。

その源流にはいくつかの説がある。

よく知られているもののひとつは**「溶岩説」**である。これを最初に唱えたのは物理学者で随筆家の寺田寅彦だといわれ、その後もこの説を唱える研究者は多い。

ヤマタノオロチを描写する「赤い目」や、8つの頭や尾を持つという描写は、火口から噴き出して、何筋にも分かれて流れていく溶岩の様子をイメージさせる。火山の噴火に悩まされた民衆が、「溶岩＝ヤマタノオロチ」という怪物を生み出したというのだ。

しかし、この説には異論もある。

この伝説の舞台となる一帯には船通山《せんつうざん》という山があるが、これは火山ではない。だから、溶岩は流れようがない。大山《だいせん》という巨大な火山もあるにはあるが、最後に噴火したのは約2万年前といわれ、日本神話が生まれた時代とは合致しない。これらをもって、溶岩説は最終的な結論とまではいえない。

川が赤く染まる理由

じつは、もうひとつ有力な説がある。**「洪水説」**である。

具体的には、出雲の国を流れる斐伊川《ひいかわ》の氾濫《はんらん》のことをさす。

斐伊川には多くの支流があり、たびたび氾濫を起こす暴れ川だった。多くの支流で水があふれ、人々に襲いかかってくる様子が、あたかも8つの頭を持つ巨大な蛇として受け止められ、そこからヤマタノオロチという生き物のイメージが出来上がったというわけだ。

川をつかさどる神は「竜神」とされる。そこからも、「洪水＝ヤマタノオロチ」説には、溶岩説以上に信憑性があるともいえる。

また、『日本書紀』では、ヤマタノオロチはクシナダヒメを襲うことになっているが、クシナダヒメは「奇稲田姫」と書かれている。つまり、稲田の女神なのである。これもまた、「洪水＝ヤマタノオロチ」説の裏づけのひとつとされる。

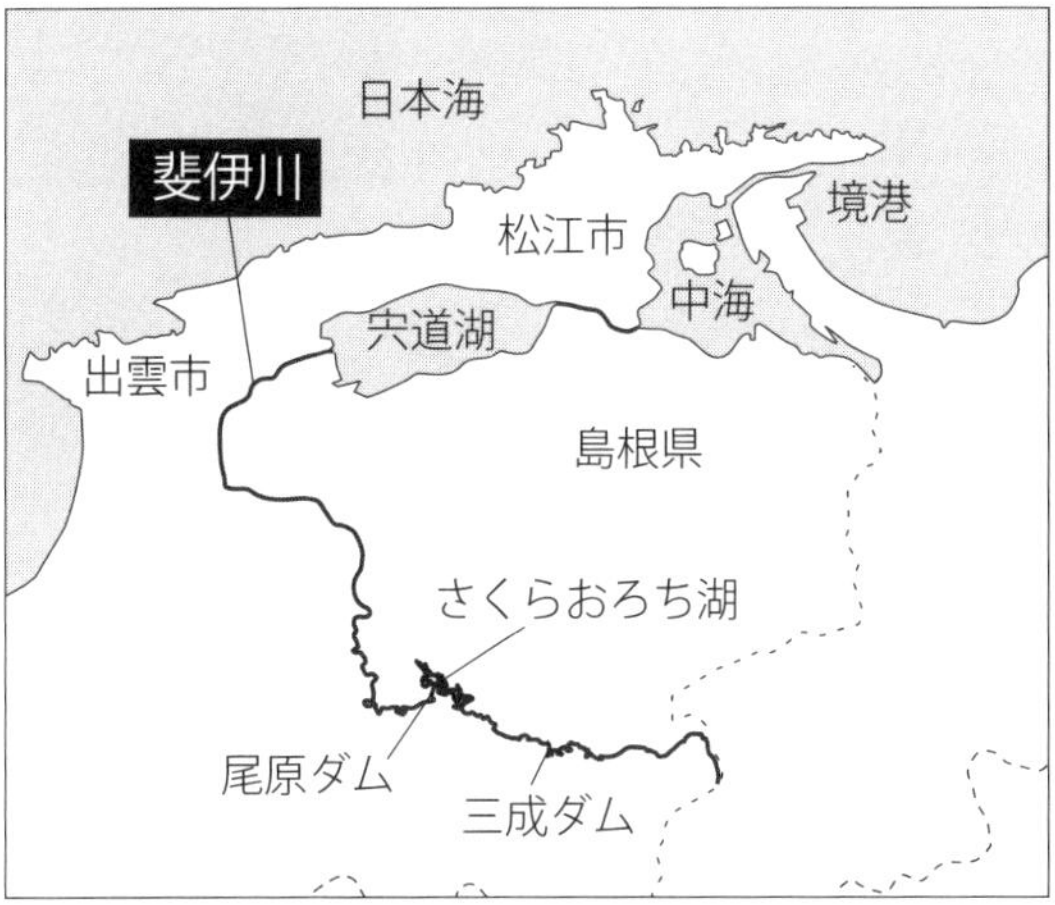

さらには、スサノオがヤマタノオロチを切ったときに流れた血で川が赤く染まったといわれるが、実際にこの川は鉄分が多いとされ、赤く見えることもあるという。

赤い色というと、伝説中にある、スサノオに切られて血を流すヤマタノオロチの姿を連想させる。ここにも「洪水説」が有力視される理由がある。

『出雲国風土記』には、昔の人々が川からとれる砂鉄をもとにして鉄を作り、それを材料にして鉄の農具や日用品を生産していたという記述がある。出雲国は古来、優れた製鉄法である「たたら」で知られている土地だ。

ちなみに、スサノオがヤマタノオロチを退治したとき、その体内から草薙剣《くさなぎのつるぎ》という神剣が見つかったとされている。

つまり斐伊川は人々にとって、資源と厄災のどちらももたらす存在だったといえる。このような事情に対する人々の複雑な感情が、ヤマタノオロチという形をとって現代にまで残っているのかもしれない。

古くからの伝承
9

平安の人々を苦しめた鬼・酒呑童子《しゅてんどうじ》

鬼は厄災の象徴

時は平安時代、一条帝の御代に、京都にある大江山に鬼が出るという噂が広まった。山に巣食う鬼たちの首領が酒を飲み、人間をさらい、その肉を食う酒呑童子だ。

そこで、一条帝の命を受けた源頼光らが討伐に向かい、酒呑童子を退治して首を切り落とした。その首を埋めたと伝えられる鬼塚が、京都の首塚大明神として今も残っている。

鬼にまつわる伝説は日本各地にたくさん残されているが、日本人にとって鬼は厄災の象徴であり、多くはそれを具現化しているものだ。

酒呑童子の伝説が生まれた当時の京都では、恐ろしい疫病が大流行していた。それは**疱瘡**《ほうそう》だ。

『大江山酒呑退治』に描かれた酒天童子（歌川芳艶画）

疱瘡は**天然痘**のことで、世界中で流行を繰り返しておびただしい数の人々の命を奪ってきた。天然痘ウイルスに感染すると約2週間後に39度以上の高熱が出て、倦怠感《けんたいかん》、頭痛、嘔吐《おうと》などをともない、3、4日で解熱したあとで顔や四肢に痛みや熱を持った斑状《はんじょう》丘疹《きゅうしん》が現れる。治癒したあとのかさぶたにも強い感染力があり、みるみるうちに地域に大流行をもたらす。敗血症をはじめ肺炎、脳炎などの致死的な合併症をともなうことも特徴だ。

死の病として恐れられた天然痘は日本でも繰り返し流行しており、一条帝の時代にも京都で大流行が起きている。疱瘡だらけになって命を落とす姿に、人々は鬼の姿を重ねたのだろう。

天然痘は1796年にイギリス人医師のジェンナーが開発したワクチンによってみるみる罹患《りかん》者を減らし、1980年には世界保健機構によって根絶宣言が出された。

平安時代の人々は酒呑童子の前になすすべもなかったが、科学の進歩で作り出したワクチンによって、天然痘が人類史上初めて根絶に成功した感染症となったのである。

古くからの伝承
10

学校のトイレには花子さんがいる

赤いスカートの女の子

誰もいないはずの学校のトイレで**「花子さん」**と呼びかけると、奥から3つ目の部屋から返事がある。あるいは、中から赤いスカートをはいたおかっぱ頭の少女が現れて個室に引っ張り込まれる。そんな都市伝説がある。

もともと1950年代に生まれた話だといわれるが、1980年代になって数多くのバリエーションをともなって全国に急速に広まり、映画や漫画にもなった。

一説では、この話は、昭和12年に岩手県で起こった一家心中事件が発端だといわれる。夫の不倫に苦しんだ母親が家族を道連れにして死ぬという事件があった。母親が長男や次女

1950年代の学校は木造のものも多かった。

を殺すのを見た長女の花子さんが、学校のトイレに逃げ込んだが、用務員が母親にそれを教えたために、やはり同じように殺されてしまったという。

これが「トイレの花子さん」という都市伝説のきっかけだといわれる。

しかし、この話そのものが変形、亜種のひとつであり、やはりつくり話だともいわれており、どのようにして生まれた話なのかはわからない。

トイレの神様、厠神《かわやがみ》

それにしてもなぜ、トイレという場所が舞台なのだろうか。トイレは古来、神聖な場所だった。そこには厠神という神様がいて、左右の手で人間の排泄したものを受け止めてくれると信じられていた。

その厠神を祀るという意味で、江戸時代頃からトイレには

和式トイレ（でじたるらぶ / PIXTA）

花を飾ることが多かったし、人形を置くこともあった。その人形の多くは、赤と白の服を着た女の子だったともいわれる。その姿はまさに、トイレの花子さんと重なる。ある意味、それは日本人の記憶に刷り込まれた原風景のひとつだともいえる。そして、それが現代の怪談話へと変形して生き続けているのである。

トイレの花子さんは恐ろしい話ではあるが、トイレに行かなければ、花子さんとの出会いを回避できる。だからある意味、**あらかじめ安全圏を設定し、恐怖を回避する方法があることを前提とした話**である。そこに、この話が広まった理由があるという考え方もある。

学校という集団生活の中で、教師や親、あるいは学校の校則や勉強へのプレッシャーなどにさらされる子供たちが、現実逃避のためにさらに恐ろしい存在を考え出し、それによってストレスを発散していると考えることができる。

5章　海外の伝説を解き明かす

海外の伝説
1

ツタンカーメンの墓を暴く者は呪い殺される

墓の開封に立ち会った人が次々と死んだ？

1922年、エジプトのルクソールから少年王ツタンカーメンの王墓が見つかり、その保存状態の素晴らしさや豪華な副葬品の数々に世界中が色めき立った。

だが、その後間もなく起きた不幸とある噂によって、このニュースはさらに人々の関心を高めることになった。ツタンカーメンの墓には人が近づかないように呪いがかけられており、墓の開封に立ち会ったカーナヴォン卿が**呪いのために急死した**というのだ。

カーナヴォン卿は15年にわたって考古学者のハワード・カーターに王墓発掘のための資金提供を行っており、墓の開封にも立ち会っている。だが、墓の発見から7ヵ月後、カイロの

ツタンカーメン王墓発掘の関係者。左からキャレンダー、エブリン、カーター、カーナォヴォン卿、ルーカス。

ホテルで死亡しているのが発見されると、死因はツタンカーメンの呪いだと世界中の新聞が報じ始める。『シャーロック・ホームズ』の生みの親であるコナン・ドイルまで「呪いは真実だ」と言ったと伝えられた。

急死したのはひとりだけ

こうして、まことしやかに語り継がれた呪いの噂だが、冷静に振り返ってみれば、墓の開封に立ち会った人の中で急死したのはカーナヴォン卿ひとりにすぎない。

ツタンカーメンの墓は、1922年11月26日、カーナヴォン卿と娘のエブリン・ハーバート、そしてカーターの協力者のキャレンダー立ち会いのもと、墓を封印していた壁に穴を開けることで開封された。だが、墓の開封に立ち会ったほかの3人は、けっして短命ではなかった。

カーターとキャレンダーが亡くなったのは1939年、つまり墓の開封から17年後のことである。また、エブリンに至っては1980年まで存命だった。

さらに1923年には20人ほどの公式訪問団が見守るなか、カーターがツタンカーメン王の棺が納められた玄室の封印壁を開けたが、そのメンバーのなかにも不審な死を遂げた者はいなかったのだ。

ちなみに、ミイラを解剖したダグラス・デリー博士などはもっとも呪われそうなものだが、亡くなったのは80歳を過ぎてからだった。

墓の開封とは無関係なカーナボン卿がロンドンで飼っていた犬や、さらには弟のオーブリ・ハーバートが亡くなったとも言われているので、たしかに呪いと考えたくなるような要素もないでもない。

ただ、墓の開封に深くかかわった人がバタバタと亡くなったというわけではないし、不慮の死を遂げたわけでもない。

どうやら伝説の王墓の発見とその資金提供者の急死というセンセーショナルな事実に、尾ひれがついて伝わっていったというのが真実のようだ。

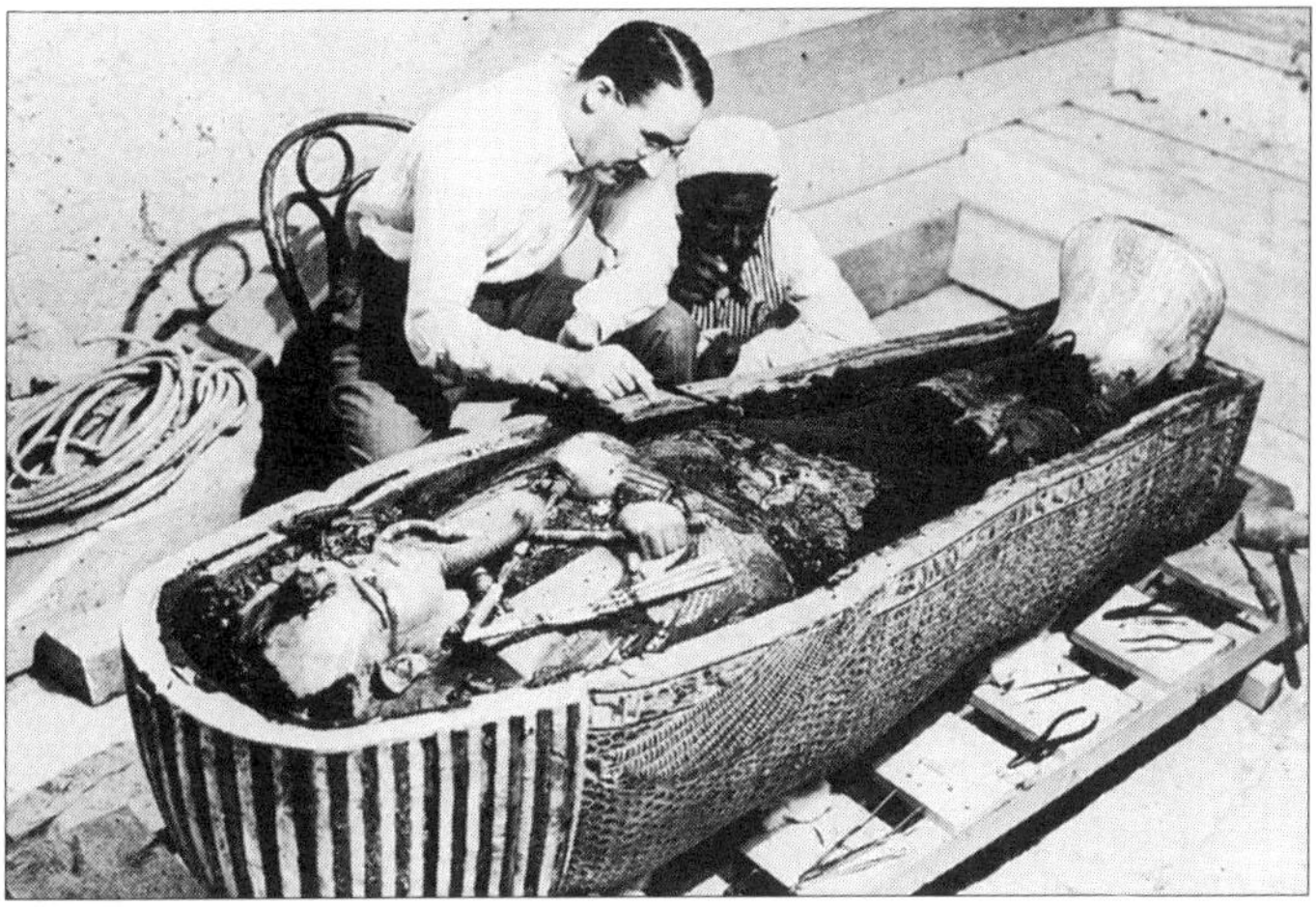

ツタンカーメンの棺を検分するカーターと助手

カーナヴォン卿の死因は？

ちなみに、カーナヴォン卿の死は、蚊に刺された部分をカミソリで傷つけてしまったことにより溶連菌に感染し、肺炎を起こしたことが原因だったとみられている。

溶連菌は今でこそ抗生物質を使うことで完治できるが、世界初の抗生物質であるペニシリンは当時まだ発見されていなかったのだ（ペニシリンの発見は1928年）。

そして、〝呪い説〟を言い出したのは、墓泥棒から墓を守りたかったカーター自身だったのではないかという説もある。

だが、これも本人亡き今となっては確かめようもない。

海外の伝説
2

バミューダトライアングルでは船や飛行機が消える

コロンブスが記した「へんな動き」

世界中にはさまざまな謎めいた場所があるが、**「魔の海域」**として広く知られているのが、バミューダトライアングルである。

アメリカのフロリダ半島、カリブ海のプエルトリコ、そして大西洋のバミューダ諸島を結ぶ三角形の海域をさすが、この一帯ではこれまでに数多くの航空機や船船が跡形もなく姿を消している。20世紀だけでも、消失した船舶と航空機の数は約300にものぼるといわれている。また、コロンブスは1492年の航海日誌の中に、この海域を通過した際に**方位磁石がへんな動きをした**と書き記している。

不思議なことに機体や船体はもちろん、乗員や乗客などの遺体も発見されていない。

たとえば1945年、5機の戦闘機が訓練中に乗員もろとも姿を消した「フライト19」事件が起こった。さらにそれを追って捜索に出た複数の船も1隻残らず消えている。

また最近では、2017年にも3人を乗せた小型機が消息不明となっている。

そういった事件が何度も起こり、ブラックホール説や宇宙人による誘拐説などが飛び出した。時空を超越する穴に吸い込まれたという説もある。

フライト19事件で行方不明になった、米軍のグラマン機TBMアベンジャー

原因は「死のげっぷ」？

しかし近年の本格的な調査により、この海域で何が起こっているのかがわかってきた。

いくつかの説がある。

まずひとつは、**メタンハイドレートのブローアウト説**である。

メタンハイドレートは、メタンガスが固体の状態となって存在しているものだ。

海底にたまった動物や植物の死骸は、時間がたつにつれて発酵し、メタンガスを発生するようになる。それが海底の圧力や温度の影響により氷に包まれることで、メタンハイドレートという固体となる。見た目は氷に似ているが、「燃える石」という別名があるように、燃焼することでエネルギー源となる。

メタンハイドレートの燃焼

これが海底に大量に埋蔵されていることがわかり、石油などの資源にかわる次世代エネルギーとして注目されているが、まだわかっていないことも多く、スーパーコンピュータなどを用いた解析が進んでいるところだ。
メタンハイドレートのブローアウトとは、海底地震や地割れ、水温の変化などが原因でメタンハイドレートが気化し、メタンガスが大量に発生することをさす。
メタンガスは空気より軽いため、大量発生すると、上方を通っていた船舶や航空機が影響を受ける可能性がある。海底から立ちのぼる大量の泡が船舶を直撃すると、浮力を失って沈没するおそれがある。また、上空を飛行している航空機がメタンガスを吸い込んでしまい、引火して爆発する可能性もある。

この現象は証拠となる物体が残る性質のものではないため、巻き込まれた船舶や航空機の事故があたかも「忽然と消えた」かのように見えるというわけだ。石油採掘作業員たちの間では「死のげっぷ」というあだ名もつけられている。

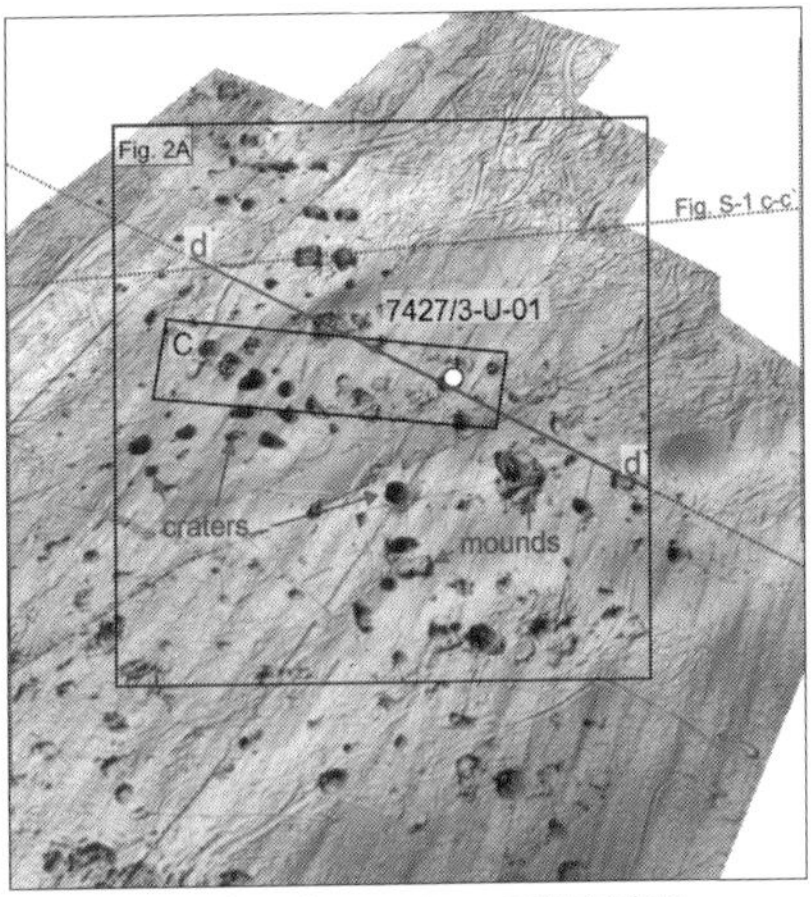

バレンツ海底のクレーターの調査結果
(Scientific Reports「Geological controls of giant crater development on the Arctic seafloor」Malin Waage, Pavel Serov, Karin Andreassen, Kate A. Waghorn & Stefan Bünz /CC BY 4.0) より

じつはメタンハイドレートのブローアウトは、ほかの場所でも起こっている。

2016年、北欧ノルウェー沖のバレンツ海の海底で、巨大なクレーターがいくつも発見された。これは堆積物に閉じ込められていたメタンハイドレートが爆発したことが原因でできたもので、最大のものは直径800メートル、深さが45メートルもある。

このクレーターを発見・調査したノルウェー大学の研究チームは、同じようなことがバミュー

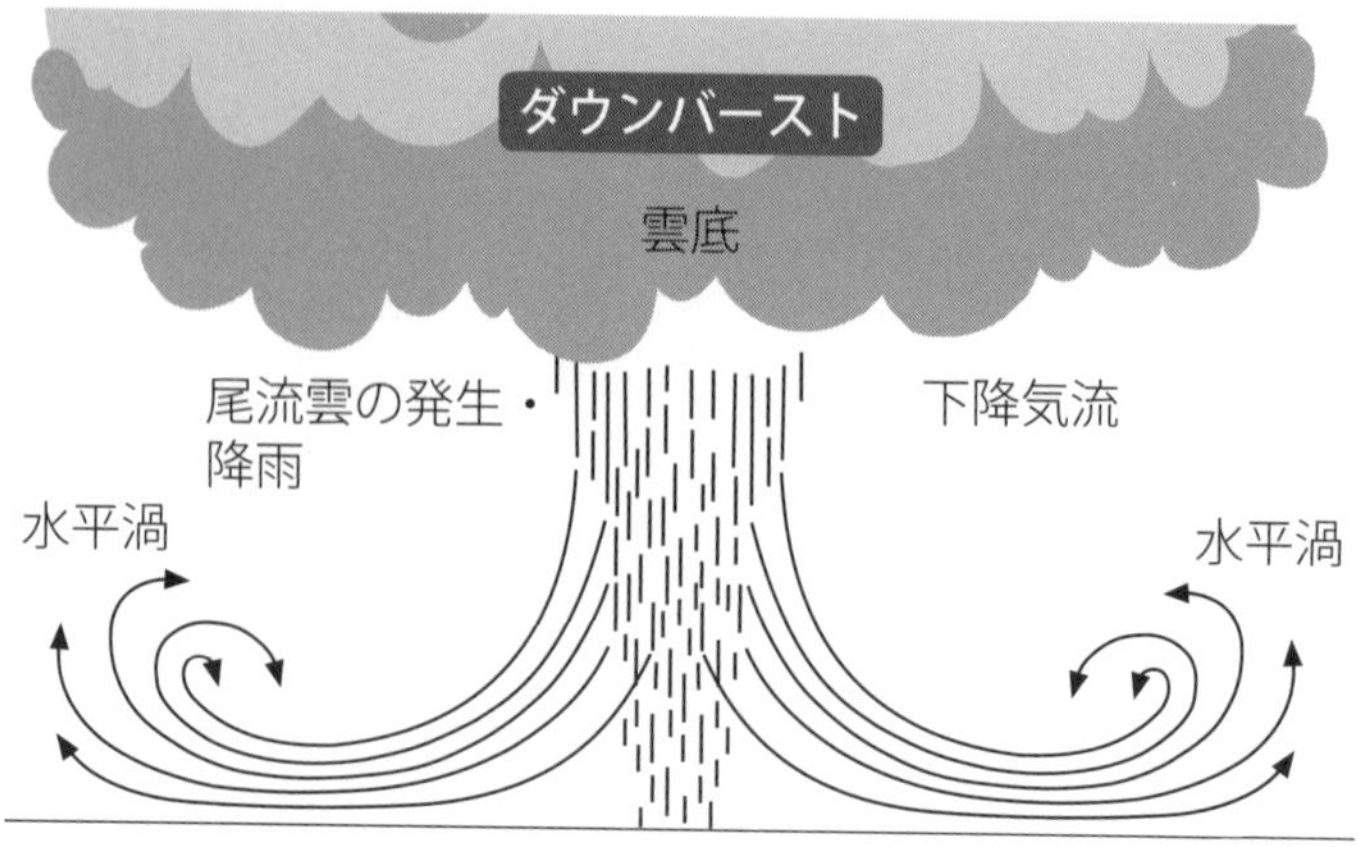

ダトライアングルでも起こっているのではないかと考えた。

これにより、メタンハイドレート説は一気に注目を浴びるようになったのだ。

急激な寒冷化による現象か

もうひとつは**ダウンバースト説**だ。

これは「白い嵐」とも呼ばれる現象で、快晴の穏やかな海で局地的に巨大な冷気の下降気流が起こり、それが猛烈な突風を引き起こす現象である。

風速は50メートルを超えるともいわれるが、発生場所や規模をまったく予測できないので、船舶も航空機も回避することはむずかしい。

実際、ほかの場所では、ダウンバーストが原因による墜落事故が何度も起こっている。これに巻き込まれると、周囲が見えなくなり、上下左右の感覚がなくなるといわれる。航空機にとっても船舶にとっても、きわめて危険な現象なのだ。

また、ダウンバーストとよく似た現象に、マイクロバーストというものがあり、それが原因であるとする研究者もいる。アメリカのコロラド州立大学の衛星気象学者スティーブ・ミラーが唱えた説で、急激に発達した雷雲や積乱雲が、その下にある海面に破壊的な強風を引き起こすというものだ。

ダウンバーストによってなぎ倒された木々

理論上は、この強風は最大で時速２７０キロメートルにも達するもので、航空機や船舶に壊滅的な被害を与えるのに十分な強さを持っているという。

ほかにも帯電による機器の故障が原因とする説や、海流によるものという説もあるが、消えた航空機や船舶の残骸、あるいは遺体が発見されないことへの説明にはなっていない。そのために、バミューダトライアングルは地球上に存在する恐怖の場所として、今も恐れられているのだ。

海外の伝説
3

人気のない山奥には雪男が生息している

山奥に生息する謎の巨大生物

世界各地の雪山には雪男伝説が残されている。

もっとも有名なのは、1967年10月20日にアメリカのカリフォルニア州北部ブラフ・クリークという場所で撮影されたとされる16ミリ動画「パターソン・ギムリン・フィルム」にとらえられた**ビッグフット**だろう。

カラーで捉えられたビッグフットは、全身が赤茶色あるいは黒色の毛で覆われている、身長2〜3メートルの巨大な生物とみられる。全部で954フレーム、1分足らずの時間の中で、ビッグフットはしっかりとした足取りで2足歩行し、深い藪《やぶ》の中に消えていった。

「パターソン - ギムリン・フィルム」の352フレーム。中央にこちらを向いたビッグフットとされるものが写っている。（BIGFOOT411「Bigfoot Evidence」より）

のちの調査の結果、捏造の証言が出てきたため、このフィルムは撮影者であるロジャー・パターソンとボブ・ギムリン2人によるイタズラであったという結論に落ち着いている。

しかし、それでも「このフィルムは本物だ」「これはニセモノだったとしても、巨大生物の存在までが否定されたわけではない」と考える人は一定数いる。

ビッグフットの他にも、イエティ、雪男など、呼び名はさまざまだが、人が立ち入ることがない山深い雪原に残された大きな足跡、木に絡まった体毛、目撃証言などから、その存在はミステリー愛好家たちの興味を惹《ひ》き続けている。

とはいえ、山奥のすべてを調査することは不可能なため、山奥の巨大生物は謎の存在としてロマンに包まれたまま終わるかと思われていた。

しかし、巨大生物の存在を科学的に検証した人物がいる。2012年、オックスフォード大学のブライアン・サイクス博士によってイエティの体毛とされる標本の遺伝子解析が行われた結果、他の動物とのつながりが証明されたというのだ。

12万年前のDNAの特徴と一致

イエティの体毛とされるいくつかの標本から抽出されたDNAは、2004年にノルウェーの北極圏で発見された12万年前のホッキョクグマの骨の遺伝子と特徴が一致した。

比較に用いられた標本はインドやブータンで発見されており、それぞれの地で少なくとも12万年前のホッキョクグマの子孫が生きていることを示唆している。

ロシアやアメリカで採取された巨大生物の標本とされるものは、ヒグマ、アメリカグマ、馬、雌牛、アライグマ、ヤマアラシ、羊、オオカミなどの遺伝子配列と一致したというが、これらは学術的にはあまり意味をもたない。ビッグフットの正体として特筆するべきなのは、ホッキョクグマとの遺伝子配列の一致だといえるだろう。

ホッキョクグマはそのほとんどが北極圏沿岸に生息する世界最大の陸生肉食獣だ。流氷の海にもぐってアザラシやペンギンなどを捕食している姿を映像などで見たことがあるだろう。

右：アメリカのホラーコミック誌に描かれたイエティ（『CREEPY』1971年1月号表紙）
左：２本足で立つホッキョクグマ（©Nanorsuaq/CC BY-SA 4.0）

ところが、イエティの体毛としての標本が採取されたのはインドやブータンなどの高地であり、当然のことながら海はない。もしホッキョクグマの子孫が生き続けているとするならば、完全に独自の進化をして生き続けているということになる。

サイクス博士の研究によって、イエティの体毛とされた試料がヒマラヤやチベットに生息するクマのものであることが確認された。この結果が示すのは、ヒマラヤのクマが氷河期にほかのクマから隔離されて独自の進化を遂げたものであるという可能性だ。

ビッグフットやイエティなど、山奥に住むといわれる雪男の正体を突き止めるために行われた研究は、太古の気候変動によって起きた生物の進化の過程に迫るものとなったのである。

海外の伝説
4

ディアトロフ峠で謎の死をとげた9人

死因が異なる9人の遺体

近代に起こった事件の中でもっとも奇怪な謎のひとつとして知られているのは、1959年2月にロシアのウラル山脈のホラチャフリ山（現地住民の言葉で「死の山」の意味）で起こった「ディアトロフ峠事件」である。

登山中だった**9人の男女が不可解な死に方をした事件**で、一行のリーダーだったディアトロフの名前から、その後、事件のあった地は「ディアトロフ峠」と呼ばれるようになった。

9人の遺体はあちこちに散らばっていた。

死因は、凍死や低体温症などさまざまで、極寒の中であるにもかかわらずテントを内側から引き裂いて裸足で逃げた者もいたらしく、さらに衣服を脱ぎ捨てた遺体もあった。

また、頭蓋骨や肋骨に大きな力によって骨折したり、あるいは眼球や舌がなくなるなど不思議な損傷のしかたをしていた遺体もあった。

さらに、内部損傷があるにもかかわらず、外傷がほとんど残っていない遺体や、異様に変色している遺体も発見された。お互いに争ったような形跡はなく、あくまでも何かの力が加えられるか、何者かに襲われたのではないかと考えられた。

また、遺体のひとつから放射能が検出されたことも、謎を深める大きな要因となった。

9人全員の遺体がそれぞれまったく異なる様相で発

遭難したグループが設営したテントを調べる捜索隊（1959年2月26日）

見されたことが、この事件を近代有数の不可解な謎に押し上げたのだ。

彼らに何が起こったのか、真相は長年不明だった。事件直後の調査では、「まったく未知の不可抗力によるもの」とされたが、具体的な原因については不明のままとされていた。

その結果、さまざまな憶測がなされた。軍の実験に巻き込まれた、宇宙人に襲われた、人工衛星の残骸が降ってきた、また、何らかの理由で精神に異常をきたし、お互いに殺し合ったなど、いろいろな原因が取り沙汰された。未確認生物のイエティに襲われたという説まで出た。

多くの本が出版されたほか、テレビのドキュメンタリー番組や映画にもなり、長年の議論の的になったのである。

注目を集めた「カルマン渦《うず》」説

そのなかでひときわ注目を浴びたのは、ドキュメンタリー作家ドニー・アイカーが大気物理学に基づいて結論づけた**「カルマン渦」**説である。

カルマン渦とは、気流が障害物に当たることによって、その障害物の後方にできる渦の列のことをさす。

カルマン渦は気圧の変化をもたらし、低周波音を生み出すことがあるとされる。低周波音は人間に健康被害をもたらし、不快な気分にさせる。深刻なケースでは呼吸困難やパニックを引き起こすこともある。死亡した9人がそれぞれに異なる死に方をしているのは、低周波音が原因ではないかというのだ。

ドニー・アイカーは、ディアトロフ峠でこのカルマン渦が発生しやすいことを突き止め、これが9人の命を奪ったと結論づけた。しかし、これはあくまでも推論であり、確証があるわけではない。

渦巻き状の渦の長いチェーンとして現れるカルマン渦（NASA image by Jeff Schmaltz）

不幸な雪崩《なだれ》が原因か

2021年のはじめに、ひとつの調査結果が発表された。ロシアの検察当局が、事故の原因は雪崩であり、死者の多くは低体温症が死因だと発表したのである。

9人がテントを設営したのはゆる

テントの設営状況

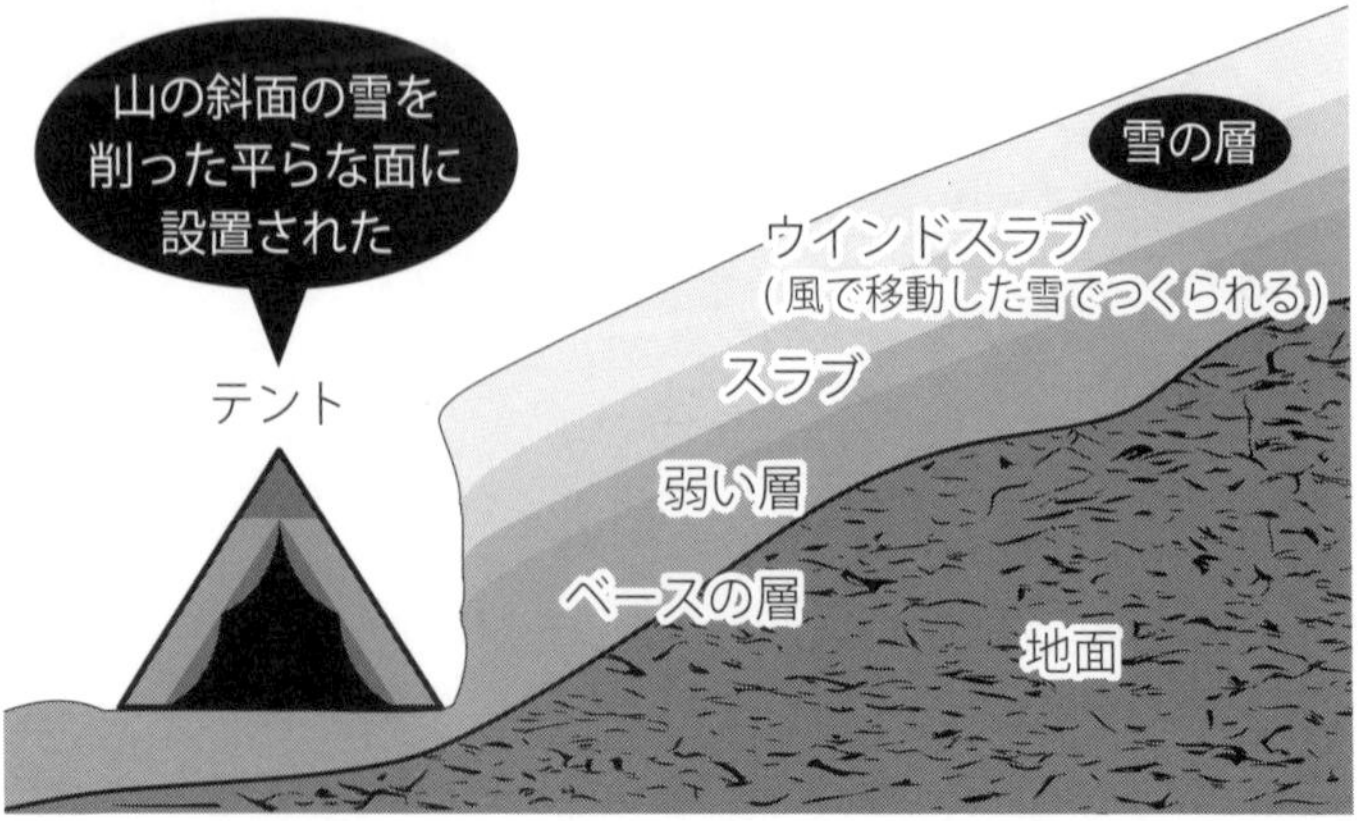

「Mechanisms of slab avalanche release and impact in the Dyatlov Pass incident in 1959」（https://www.nature.com/articles/s43247-020-00081-8/）をもとに作成

やかな斜面だったため、雪崩が起きるような地形ではないという疑問も出されたが、そこが運悪くかなり弱い地盤だったため、硬い板状の雪の層による雪崩が起こったとされた。

テントは山の斜面を削って設営されていたが、斜面を削ることにより、偶然にも雪崩が起こりやすい状況を作ってしまったというのである。

しかも、すぐに雪崩が起こったのではなく、ある程度の時間がたって予期しないときに起こったために9人はパニックを起こし、それぞれが反射的に異なる行動を起こした。

その結果、状況が異なる死体となったというわけだ。

アニメ映画のヒットがきっかけで謎が解明

じつは近年この説にたどり着くヒントになったのが、世界的に大ヒットした有名なアニメ作品だったことが明らかにされて話題になった。

その映画とは『アナと雪の女王』である。

この映画では、雪崩が人体に与える影響をリアルに再現するために、ゼネラル・モーターズの自動車事故実験用のデータが使用されている。そのデータにより、人間の頭蓋骨と肋骨を折るためには、長さ5メートルの雪塊があれば十分であることが判明したのだ。

この情報と、ディアトロフ峠の被害者の遺体の損傷を照らし合わせることで、雪崩が原因とする説の有力な証拠のひとつとなったのである。遺体を調査して、けっして不自然な死に方ではないということも確認された。

とはいえ、この説にも確かな証拠があるわけではない。これですべてが解明されたとは考えていない研究者も多い。

激しい遺体の損傷や放射能汚染など、まだ不可解な点は残されている。近代有数のミステリーとして今後もさまざまな形で取り沙汰されることだろう。

海外の伝説
5

満月の夜にはオオカミ男が出る

先天性の遺伝子異常

体中を毛が覆い、月を見ると牙が生え、鋭い爪が伸びて、オオカミのような遠吠えが響く。オオカミ男と聞いて多くの人が思い浮かべるのがこのイメージだろう。

一見ふつうの人間が満月の夜にオオカミに姿を変えるオオカミ男伝説は、ヨーロッパを中心に世界各地に残っている。

各地に同じような話が残っている以上は、その原因となる事象が存在すると考えるのが自然だが、そのひとつとして有力なのが先天性の**多毛症**という**遺伝子の異常**だ。

多毛症は、体中の体毛が過剰に成長する症状を引き起こす。遺伝子の異常によって起こる先天性の場合は治療法がいっさい存在しないが、発症はきわめてまれで、中世から現在まで50例ほどしか報告されていないという。

重度のものは腕や脚などに限らず、顔面すら体毛に覆われてしまうため、遺伝子異常という概念がなかった時代には不吉なものとして虐《しいた》げられたり、サーカスなどで見世物とされていた。

多毛症のことを**「オオカミ男症候群」**と呼ぶこともあり、オオカミ男伝説との関連は明らかだ。わけもわからないままに多毛症の人を見た人々が、そのイメージからオオカミ男伝説を生み出したことは想像に難くない。

古書に描かれたオオカミ男

狂犬病の症状

さらに、オオカミ男伝説を生み出したもうひとつの原因と考えられるのが、**狂犬病**だ。

狂犬病は現在でも致死的な感染

症で、感染した犬は凶暴性を増し、人間などを襲う。襲われたときはケガですんでも、傷口からウイルス感染することで、救命は不可能という最悪の感染症のひとつだ。

犬のほかにもネコやアライグマ、コウモリ、キツネなどの動物が媒介するが、人から人への感染のリスクはない。2017年の時点でも、狂犬病は日本、オーストラリア、イギリス、ニュージーランドなど一部の国を除いた世界中で報告されている。

狂犬病を発症した人間は、光や音の刺激に過敏になって異常行動を示す。興奮状態におちいって攻撃的になり、舌を出し、よだれを垂らして、最後には歩行不能、昏睡状態になる。その様子を目の当たりにした人々が、オオカミ男のイメージを作り上げたのだ。

実際、きわめてまれな先天性の多毛症に対して、狂犬病はけっして珍しい病気ではなかった。1500年から1700年までに3万件もの目撃情報があるというオオカミ男の正体としては、狂犬病にかかった人間のほうがしっくりくる。

オオカミ男伝説は、特異な遺伝子異常と身近な感染症の両方が合わさって作り上げられた伝説だと考えられるのである。

海外の伝説
6

吸血鬼は光を嫌い夜に人の生き血を吸う

影もなく鏡にも映らない

さまざまな書物や映画の題材になっている怪物といえば吸血鬼である。西洋独自のものと思われがちだが、似たような怪物の伝承は世界各国にあり、その種類も数多い。

だが、一般的な吸血鬼のイメージといえば、やはり19世紀に発表されたブラム・ストーカーの『吸血鬼ドラキュラ』に登場するドラキュラ伯爵の姿だろう。

そこで描かれた特徴は、人の生き血を吸うことで不老不死となり、日中は棺桶などにひそみ、夜間になると活動する。鏡には映らない。影もない。流水を渡ることができず、十字架とニンニクが大嫌い……などである。

映画『ドラキュラ』でベラ・ルゴシが演じるドラキュラ（1931年）

このような吸血鬼の存在はにわかに信じがたいが、簡単にフィクションだと切り捨てられない側面もある。

というのも、これらがある病気の症状と似ているからだ。

先端恐怖症の症状がある狂犬病

その病とは**狂犬病**である。前項でも書いたように、狂犬病は、狂犬病ウイルスに感染した犬やその他の動物にかまれることで引き起こされる。犬のほかコウモリやキツネによって媒介され、一度発症したら基本的には致死率は100%という恐ろしい病だ。

発症初期は風邪やインフルエンザに似ているが、進行するとウイルスが中枢神経系に侵入してさまざまな症状を引き起こす。

たとえば、意識障害で不規則な言動や妄想にとらわれるようになり、知覚過敏で臭いの強い食べ物（ニンニク）が苦手になる。

瞳孔反射で太陽の光も苦手になり、刺激への耐性が落ちて水が喉を通るだけで痙攣《けいれん》が起こるため、水そのものを怖がるようになるのだ。そして、十字架のように先が尖ったものを恐れる**先端恐怖症**の症状も現れるのである。

狂犬病にかかった犬。唾液が口からしたたり落ちている。

最大の特徴である生き血を吸うことについては、18世紀に東欧で大流行した狂犬病と、かねてから噂されていた吸血鬼のブームが結びついて、いつの間にか両者のイメージが固定されたのではないかといわれている。

鏡に映らない、影もないなどは後づけのフィクションだろうが、毎年、世界中で多くの人が狂犬病で亡くなっていた背景を考えれば、不治の奇病を怖がった人たちが、いつしかドラキュラという存在を生み出したのかもしれない。

海外の伝説
7

ヴァルプルギスの夜には魔女が集会を開く

魔女集会の舞台、ブロッケン山

ドイツの春の祝祭として知られているものに、「ヴァルプルギスの夜」がある。4月30日から5月1日にかけて、ドイツのハルツ山地にあるブロッケン山の山頂で行われるという、魔女を模して人々が仮装して楽しむお祭りだ。

もともとは聖ヴァルプルガという聖人の名の下に春を祝う祭りとして行われていたのだが、これが魔女集会と結びつくようになった起源には諸説あり、キリスト教を布教する際に土着の民間信仰を排除するための情報操作だったとする説もあるようだ。

魔女や悪魔はキリスト教では悪であり、中世ヨーロッパでは異教の排除や自然災害などへの畏怖《いふ》を要因とした魔女狩りが盛んに行われていた。魔女裁判にかけられた者たちから「ヴァルプルギスの夜に悪魔踊りに行った」という言質《げんち》が取られ、それが異教の迫害のために使われたのではないかという。

そして、ヴァルプルギスの夜に集まる場所としてブロッケン山を一躍有名にしたのが、1808年に発表されたゲーテの戯曲『ファウスト』だったのだ。

それ以降、絵画や物語の中で繰り返し描かれたことで、ブロッケン山を舞台とした〝**魔女集会**〟の知名度は上がった。

ブロッケン山が魔女集会の舞台となったのには理由がある。低い山が連なるドイツ中央部のハルツ山地の中で、その中央に位置するブロッケン

ヴァルプルギスの夜を描いた絵画。もとは魔女と悪魔区が入り乱れるダークなイメージがあった。（ヨハネス・プレトリウス画「ブロックス山の行事」）

大きな影が空中に映る現象が人を恐怖させたと考えられる（作者不詳「ブロッケンスペクトル」）

山は標高１１４２メートルの一番高い山だ。晴れていれば見晴らしは最高だが、山の天気は変わりやすく、晴れたと思ったら深い霧に覆われることもある。

霧に映った自分の影

魔女伝説の始まりは、深く霧が立ち込めた天気から急速に晴れ間がのぞくタイミングで山頂にさしかかった人が目撃した不思議な現象から始まった。

山頂付近まで登ったとき、その霧の隙間から日が差し始めると、目の前の霧の向こうに七色に輝く光輪が浮かび上がったのだ。さらに、その**輪の中にゆらめく黒い巨大な影**が現れた。

その光景を目の当たりにした人が、「ブロッケン山に妖怪が出た」と人々に伝え、それが魔女集会として語られるようになったようだ。

ブロッケン山の山頂で見られるこの現象は、**「ブロッケン現象」**と呼ばれるもので、科学的に

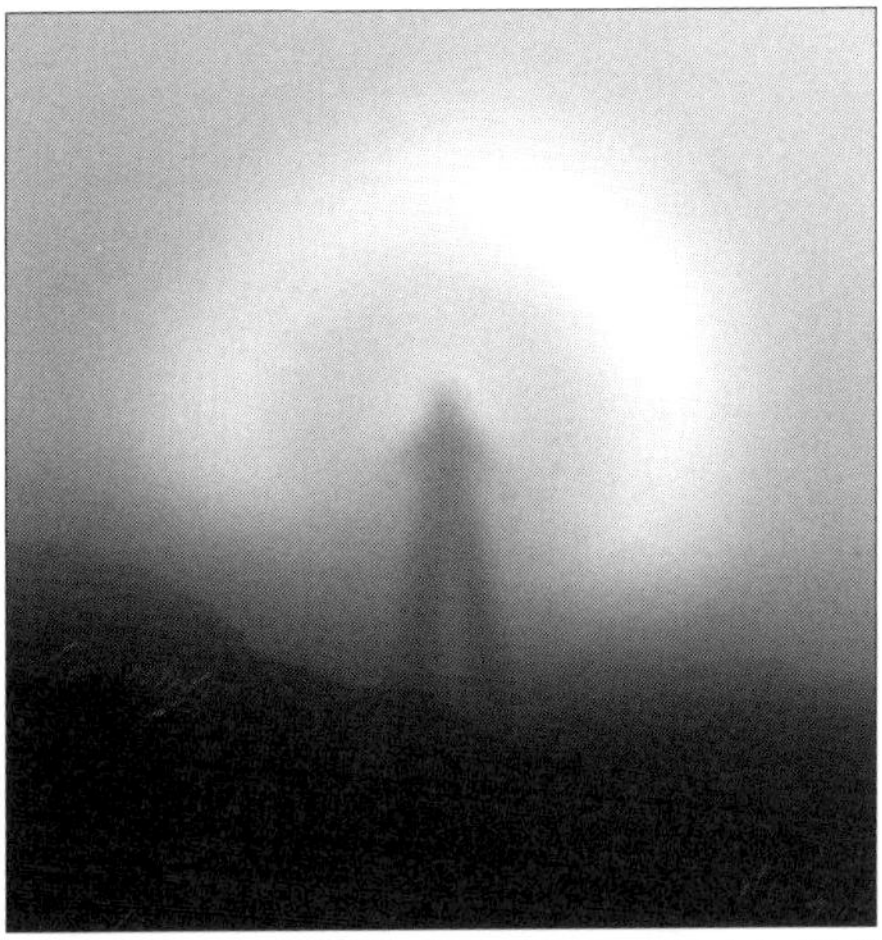

ブロッケン山で出現した、円形の虹の中に影が映る様子

説明がつく気象現象だ。深い霧に覆われた場所で、背後に太陽があるのが出現の条件である。雲や霧に含まれる水滴と、そこに当たる太陽光線の屈折によって生じるもので、太陽との距離の近さに比例して、影や光輪も大きくなる。山頂でゆらめいていた大きな影は、じつは霧に映った自分の影だったというわけだ。

地理的な条件と気象状況がそろえばどこでも見ることができる自然現象で、日本でも「ご来光」として信仰と結びつけて知られていた地域もある。空を飛ぶ飛行機の窓からも、ときに虹色のリングに映る機影を見ることができるという。

現在では科学的な説明がついていても、昔の人にとっては神秘的でどこか恐ろしい風景だったに違いない。これが人々の間に広まって、ドイツで古くから民間に根づいていた魔女信仰と結びつき、ブロッケン山で行われる魔女集会という伝承が生まれたのである。

海外の伝説
8

ハーメルンの笛吹き男が多くの子供を連れ去った

130人の子供が忽然と姿を消す

13世紀末のドイツの片田舎の町で、謎めいた事件が起きた。130人近い子供たちがこつぜんと姿を消したのだ。

ハーメルンの笛吹き男伝説として語り継がれてきた有名な逸話ではあるが、じつは**この事件の詳細はまったくわかっていない。**後世の学者たちがさまざまな説を唱えてはいるが、子供たちが姿を消したという事実以外は謎のまま残されている。

それでも科学的にこの事件を解き明かそうとするときに核になるのが、伝説の中に埋め込まれているネズミの存在だ。

伝説の中身はこうだ。ドイツのハーメルンという町に、カラフルなつぎはぎ衣装の**「まだら男」**がやってきた。町全体が悩まされていたネズミの群れを退治する仕事を引き受けたそのまだら男は、笛を吹いてネズミを集め、そのまま川に誘導しておぼれさせた。

ところが、町の人々は契約を破って報酬を出し渋り、まだら男を町から追い出してしまった。

後日、別の服を着て現れた男が再び笛を吹くと、今度は町中の子供たちが男の後について歩き出した。そしてそのまま町の門を出て、山の方に向かって行き、二度と町には戻らなかった。

子供たちを連れ出すまだら男（ケイト・グリーナウェイ画）

なぜネズミ退治の男だったのか

当時の社会において、ネズミは多くの災いの原因になる害獣だった。なかでも**伝染病を媒介する**という性質からネズミの駆除は重要な問題で、それを

ネズミを引率する男（1902年頃のポストカード）

生業《なりわい》にする専門業者も現れた。まだら男はネズミの駆除を請け負う専門業者だった可能性が高い。

伝説に含まれるモチーフが意味を持つと考えれば、まだら男がネズミ駆除業者として描かれていることも、そもそもの発端がネズミであることも意味があると考えられる。

中世の伝染病で恐れられていたもののひとつが、**ペスト**だろう。黒死病とも呼ばれたペストは、ネズミを通してノミやシラミに感染し、そこから人に伝播していくとされている。14世紀に起きたヨーロッパでのパンデミックでは、ヨーロッパの人口の3分の1が亡くなった。

ハーメルンで子供が消えた事件が発生した当時、ペスト菌の存在はわかっていなかった。ペスト菌は１８９４年に北里柴三郎博士らによって発見され、ネズミなどのげっ歯類に寄生するノミによって媒介されることが判明している。しかし、伝説や絵の中にネズミがいるという事実からは、当時の人々の間で「人間が大量に姿を消す出来事にネズミがかかわっている」というコンセンサスが成り立っていたという可能性を示唆しているのである。

海外の伝説
9

モーゼが海を渡るとき海が割れて道ができた

『十戒』はつくり話ではなかった？

海が割れて、道ができる。旧約聖書の出エジプト記に、そんな場面が書かれている。奴隷状態となっていたイスラエルの民を引き連れてエジプトを脱出したモーゼは、ファラオの軍隊から逃げ延びようとしたが、目の前を海に阻まれた。

もはやこれまでかと思われたとき、ひるむことなくモーゼが手をかざした。すると、海がふたつに割れて、海底だったところに道ができた。モーゼの一行は、そこを通って脱出した。

ファラオの軍も同じように進もうとしたが、そのときには海はもとに戻り、みなおぼれた。そしてイスラエルの民は無事逃げることができたのである。

1956年のアメリカ映画『十戒（The Ten Commandments）』のハイライトシーン。モーゼを演じるチャールトン・ヘストンが海を割り開く。

映画『十戒』にも描かれたので、キリスト教徒以外の多くの人にも知られているエピソードだ。

海が割れるなど起こるはずもないため、これをつくり話だと考えている人は多い。しかし近年、これは単なるつくり話ではなく、現実に起こったことではないかという研究成果が注目を集めている。

２０１４年に米国の気象研究者のグループがコンピュータでシミュレーションした結果、本当に海が割れて道ができた可能性があるというのだ。

エジプトのラグーンでは海が割れる

聖書には「一晩中ずっと強い風が吹いて、それによって海水が押し分けられ、陸地に変わった」という記述がある。研究者たちはここに着目した。そして、１８８２

年にエジプトへ軍事介入した英国軍の記録をもとに推測を行ったのである。

エジプトを縦断して流れるナイル川は最後に地中海に流れ込むが、その河口付近には、**ナイルデルタ**と呼ばれる肥沃《ひよく》な大地が広がっている。英国軍の記録によると、ナイルデルタにあった潟（ラグーン）の水が「風によって一時的に消えた」「地元の人が泥の上を歩き回っている」となっている。そこで研究者たちは、その付近の地形や気候をコンピュータ解析した。その結果、かつて**タニス**と呼ばれていた地域では、「海が割れる」という現象が起こることを突き止めた。

この地域に風速28メートル以上の強風が吹くと海水は西へと押し流され、4時間ほどにわたってあたりに浅瀬が出現することがわかったのだ。
4時間もあれば、その地を徒歩で渡っていくことは可能である。モーゼの一行が通りかかった際に強風が吹いたとすると、聖書の記述が真実味をおびてくる。
これにより、モーゼが海を割ったのは、単なる架空の話ではなく、現実に起こった可能性もあるということが判明したのだ。

海外の伝説
10

ノアの方舟は本当にあった

聖書の記述と符合する化石

「ノアの方舟」の物語は、旧約聖書の「創世記」に書かれているエピソードだ。

ノアは人類の祖であるアダムから数えて10代目にあたるが、その頃の地上は人間であふれかえり、悪事と不道徳に満ちていた。神はそれを嘆き、人間や動物たちを洪水により滅ぼそうと考えたが、ただひとり善行をしていたノアの家族を助けることにして、彼に生き物たちの未来を託したというのである。

雨は40日間降り続き、150日目に水が引き始めた。すると、アララト山の上にノアの方舟だけが残されていたという。

アララト山頂に流れ着いた方舟

長い間この大洪水は創作だと考えられてきた。

しかし、およそ5000年前に大洪水が起こったという話は、古代メソポタミアの『ギルガメシュ叙事詩』や、ギリシャ神話、インド神話などにも数多く残っている。

あるいは、中国や南米の古代文明やイースター島の古代文化にも、大昔に大洪水が起こったという言い伝えが残っている。

これらはノアの大洪水が起きたとされる時代とも符合する。そのために、実際に起こったことではないかという研究者も多い。そして実際、その痕跡ともいえるものが各地で発見されているのである。

たとえば、ヒマラヤで三葉虫などの海の生物の化石が発見されるなど、各地の内陸部や標高の高い場所で海の生物の化石が発見されている。

しかも、動物も植物も短期間で急速に化石化しているのだ。食事中や出産中の化石もあることをみれば、いかに短時間で埋もれたかがわかるだろう。

またアメリカ大陸では、大量の土砂が長い距離を一気に移動した痕跡が発見されている。これを、洪水により押し流された証拠ととらえる研究者もいる。

じつは14万年ほど前は、地球が最後の氷期を迎えた頃で、地球上の海水は氷の状態だった。そのために海面は現在よりも120メートルも低かったと考えられている。それが6000年前の温暖期になると氷が溶けて、海面は数メートルも上昇し、各地で水害のような現象が起こったはずだという。そしてその頃の人類の記憶が、のちに大洪水の物語として語り継がれたとしても不自然ではないのだ。

これらをもとに「大洪水は本当に起こった」と考える研究者は多い。

黒海に起こった洪水か

いくつかの説があるなかで、長年にわたって注目されているのが、**黒海洪水説**だ。

約5000～9000年前に、黒海に面したトルコのシノップ一帯で大洪水が起こった。それがノアの大洪水として人々の記憶に刻みつけられたのではないかという考え方だ。

2004年にその付近で行われた調査により、本来は湖だった黒海が急激な異変によって拡大したという説が浮上した。

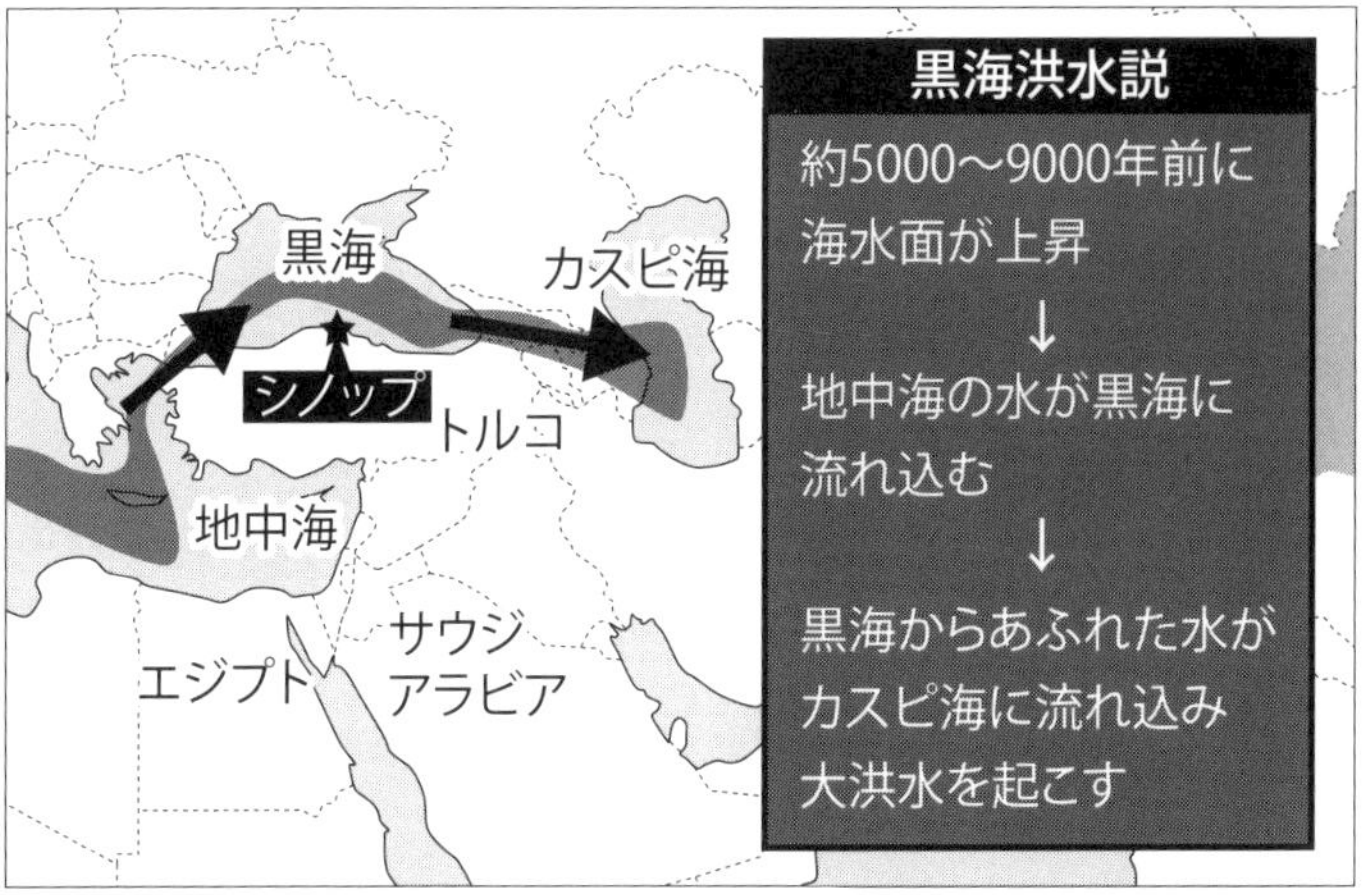
黒海洪水説
約5000〜9000年前に
海水面が上昇
↓
地中海の水が黒海に
流れ込む
↓
黒海からあふれた水が
カスピ海に流れ込み
大洪水を起こす
黒海
カスピ海
シノップ
トルコ
地中海
エジプト
サウジ
アラビア

その後、海洋探検家のロバート・バラードを中心とした調査隊が黒海の海底の綿密な調査を行い、水深約100メートルの海底にかつての文明の痕跡を発見した。これにより、この付近の水位は過去に大きく変化していることがわかった。

そして、その水位の変化の原因を議論する中で出てきたのが、大規模な洪水が起こったという説なのだ。

ただし、地層を調べてもその痕跡はなく、また洪水によって押し流されたはずの生物の化石も発見されていないことから、この説には多くの疑問が投げかけられている。

なかには、「大洪水は局地的なものではなく、一時期、地球上のほとんどが水面下にあった」と唱える研究者もいる。

しかし、「大気中のすべての水分を集めたとしても、地球全体で考えると3センチほどしか水位は上昇しない、地表に重大な変化をもたらすような大洪水などあり得ない」と主張する研究者も多い。

方舟が流れ着いたアララト山はどこにある？

一方、ノアの方舟が流れ着いたとされる**アララト山**についても、興味深い話がある。

トルコにはその名の通りのアララト山が存在する。標高５１３７メートルのアララト山では、１９７４年から人工衛星によりたびたび撮影され、詳細な調査が行われてきた。

そして２００９年に、米国の研究者がアララト山の北東部に表面が硬い物質を発見、その大きさからノアの方舟ではないかと考えられた。

さらにその翌年には、トルコと中国のチームが、アララト山の標高４０００メートル付近で方舟と思われる構造物を発見した。

その木片を持ち帰って炭素年代測定をすると、約４８００年前のものと判明した

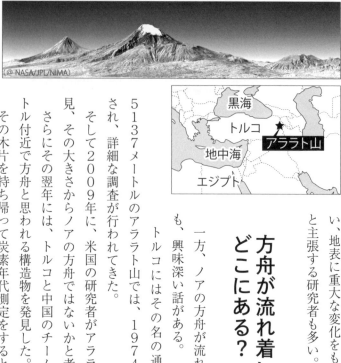

ため、「方舟の一部であるのは間違いない」と発表したのだ。構造物の内部は7つの部屋に分かれており、それぞれに動物が入れられていたのではないかと推測された。

しかし、こういった発見には、冷ややかな反応も多い。じつはノアの方舟らしきものの残骸が発見されたとする報告は、これらのほかにもいくつかある。それらはいわば一種のロマンのようなもので、多くの人々の想像力をかきたててきた。だからこそ、「発見者」も絶えず現れるのだと考えられる。

アララト山で発見された痕跡や木片も、方舟が流れ着いたとされる場所に、後年の人々が作った祭壇のような宗教的な場所であろうという見方もされている。

いずれにしても、過去において大規模な洪水が起こり、それが現在の地球の姿を形成する上で大きな影響を与えたとする考え方は、今も根強い。その謎が完全に解明される日が待ち遠しい。

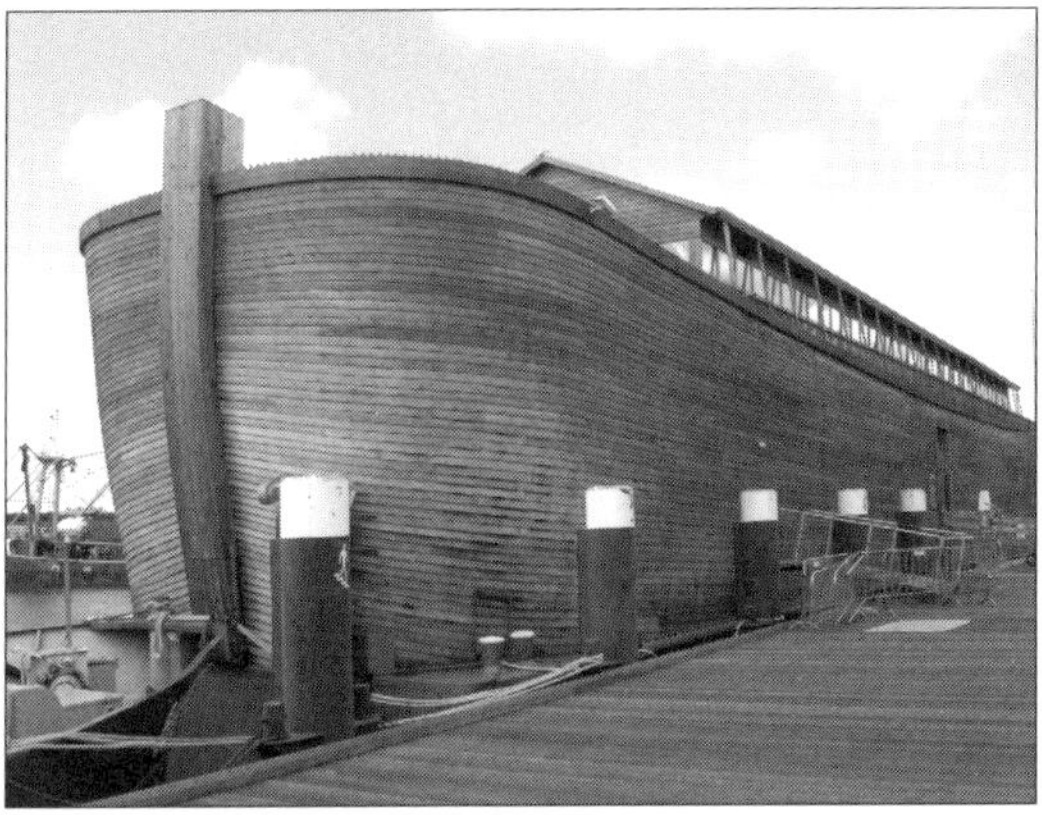
再建されたノアの方舟。このような建造物が朽ちた状態で発見されれば、神話の遺物のように見えるかもしれない。（2016年・オランダ・テッセル島）（©Txllxt TxllxT/ CC BY-SA 4.0）

【参考文献】

『年中行事を「科学」する』永田久／日本経済新聞社、『大江戸奇怪草子』花房孝典／山と渓谷社、『中野京子の西洋奇譚』中野京子／中央公論新社、『竹？　それとも草？　竹は竹　たくさんのふしぎ２０１０年10月号』柴田昌三文、石森愛彦絵／福音館書店、『幕末・明治・大正・昭和　カメラの歴史』全日本写真連盟編／日本図書センター、『知れば知るほど面白い　日本のしきたり』博学面白倶楽部／三笠書房、『イラスト　日本の迷信・妖怪事典2　ゆかいがいっぱい！』高村忠範／汐文社、『なぜ秋ナスを嫁に食わせてはいけないのか？　迷信を科学する』日本迷信調査会／扶桑社、『すごすぎる天気の図鑑』荒木健太郎／ＫＡＤＯＫＡＷＡ、『迷信・ジンクス　雑学辞典』日本博学倶楽部／ＰＨＰ研究所、『科学で解き明かす超常現象』ナショナルジオグラフィック、『日本妖怪大辞典』村上健司編著、水木しげる絵／角川書店、『図解ツタンカーメン王』仁田三夫／河出書房新社、『江戸人のしきたり』北嶋廣敏／幻冬舎、『日本のしきたり　開運の手引き』武光誠／講談社、『茶柱が立つと縁起がいい　語り継ぎたい「日本の言い伝え」』黒塚信一郎／原書房、『幻覚の脳科学　見てしまう人びと』オリヴァー・サックス／大田直子訳／早川書房、『図説　ツタンカーメン発掘秘史』レナード・コットレル、前田耕作監修、暮田愛訳／原書房ほか

【参考ホームページ】
環境省、気象庁、農林水産省、群馬大学、ハフポスト、読売新聞オンライン、本の万華鏡、東洋大学、内閣府、東京消防庁、日経電子版、銅の歴史物語、銅の歴史物語、東海大学海洋研究所　地震予知火山津波研究部門　宏観異常現象研究班、近畿大学農学部スペシャルサイト　農ＬＡＢＯ、兵庫県立人と自然の博物館、東北大学東北アジア研究センター　石渡明「地震の前兆の可能性がある自然現象」、一般社団法人日本銅センター、東洋経済オンライン、一般社団法人・日本呼吸器学会、厚生労働省、日本野鳥の会、生活１１０番、文化遺産の世界、ＭＳＤマニュアル家庭版、マイナビウーマン、毎日新聞　医療プレミア、日本耳鼻咽喉科学会、ＮＨＫ、ダ・ヴィンチニュース、日本科学未来館科学コミュニケーターブログ、害獣駆除１１０番、公益社団法人日本心理学会、久月、宇治園、出雲観光ガイド、ナリナリドットコム、NATIONAL GEOGRAPHIC日本版サイト、和楽web, INSIGHT SIGNAL, Macaroni, AFP BBNews, REUTERS, CareNet, Excite.ニュースほか

【カバー画像】
伏見稲荷：BLAST/PIXTA

科学で読み解く迷信・言い伝え

2021年10月20日　第1刷

編　者　歴史ミステリー研究会

製　作　新井イッセー事務所

発行人　山田有司

発行所　株式会社　彩図社《さいずしゃ》

〒170-0005 東京都豊島区南大塚3-24-4MTビル
TEL:03-5985-8213
FAX:03-5985-8224

印刷所　シナノ印刷株式会社

URL:https://www.saiz.co.jp
https://twitter.com/saiz_sha

©2021.Rekishi Misuteri kenkyukai Printed in Japan ISBN978-4-8013-0556-4　C0095
乱丁・落丁本はお取り替えいたします。（定価はカバーに表示してあります）
本書の無断複写は著作権上での例外を除き、禁じられています。

好評発売中・彩図社の本

ＡＳＩＯＳ著
文庫 本体 741 円＋税

謎解き超常現象

大都市上空に飛来したUFO、記念写真に写った不気味な顔、天から降り注ぐ魚の雨…世の中には常識では説明できない不思議な現象が存在している。だが、それは本当だろうか。超能力や心霊現象などの「超常現象」を徹底検証し、「真実」に鋭く迫る。

科学の謎検証委員会編
文庫 本体 648 円＋税

封印された科学実験

科学は我々に豊かさをもたらす一方で、ときに危険な結果を招いてしまう。ふとしたきっかけでその危うさが明らかになることもあれば、科学者が好奇心や功名心を満たそうと取り組むこともある。科学史に残る危険な実験を本書で紹介する。

歴史ミステリー研究会編
文庫 本体 648 円＋税

教科書には載せられない悪魔の発明

人間は長い歴史の中で、無数のものを発明してきた。多くは便利な道具として人々を助けているが、一方では、人を傷つけるための発明もおこなってきた。果たして人間は善良な生き物なのか、それとも邪悪なのか――その答えが本書にある。